Impressum
Verlag: BABADADA GmbH, Nedderfeld 112 , 22529 Hamburg
Geschäftsführer / Verlagsleitung: Harald Hof
Druck: Books on Demand GmbH, In de Tarpen 42, 22848 Norderstedt

Imprint
Publisher: BABADADA GmbH, Nedderfeld 112 , 22529 Hamburg, Germany
Managing Director / Publishing direction: Harald Hof
Print: Books on Demand GmbH, In de Tarpen 42, 22848 Norderstedt

sekolah
okul

ruang kelas
sınıf
membagi
böl
186/2
papan
tahta
halaman sekolah
okul bahçesi
guru
öğretmen
kertas
kağıt
menulis
yazmak
pena
kalem
meja kerja
masa
penggaris
cetvel
buku
kitap
murit
öğrenci

tas sekolah

okul çantası

tempat pensil

kalemlik

pensil

kurşun kalem

pengasah pensil

kalem açacağı

penghapus

silgi

kertas gambar

çizim defteri

gambar

çizim

kuas

resim fırçası

kotak cat

boya kutusu

gunting

makas

lem

tutkal

buku latihan

alıştırma kitabı

pekerjaan rumah

ödev

12

angka

sayı

2+2

tambhakan

ekle

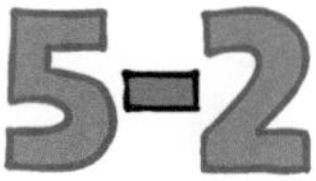
5-2

mengurangi

çıkar

2×2

mengalikan

çarp

42

menghitung

hesapla

A

huruf

harf

ABCDEFG
HIJKLMN
OPQRSTU
VWXYZ

alfabet

alfabe

hello

kata

kelime

teks

metin

membaca

okumak

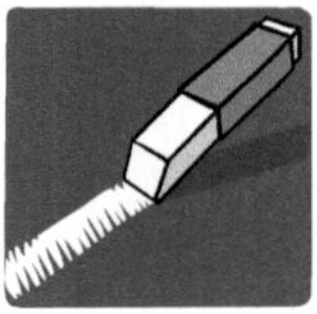

kapur

tebeşir

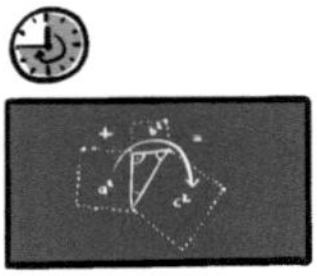

pelajaran

ders

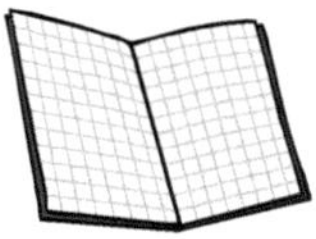

daftar

kayıt

ujian

sınav

sertifikat

sertifika

seragam sekolah

okul forması

pendidikan

eğitim

ensiklopedi

ansiklopedi

universitas

üniversite

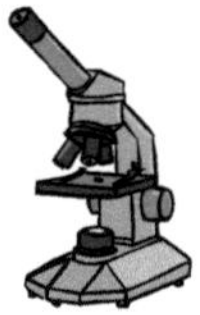

mikroskop

mikroskop

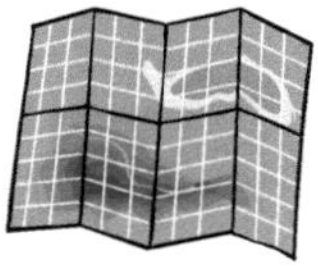

peta

harita

tempat sampah

kağıt çöp kutusu

perjalanan
seyahat

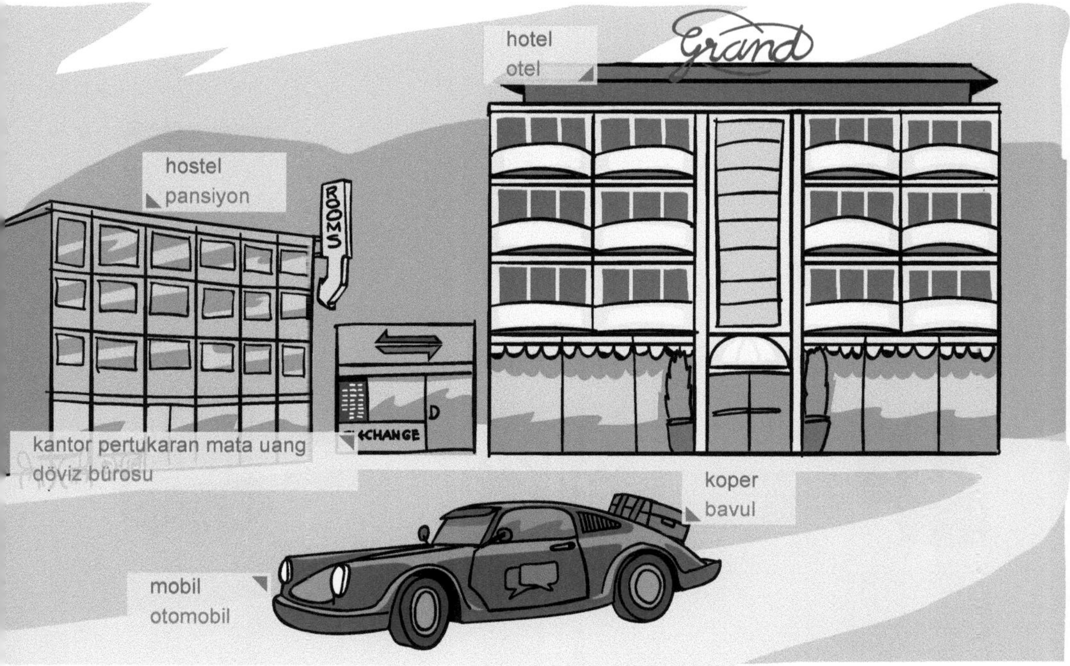

hotel
otel
hostel
pansiyon
ROOMS
Grand
CHANGE
kantor pertukaran mata uang
döviz bürosu
koper
bavul
mobil
otomobil

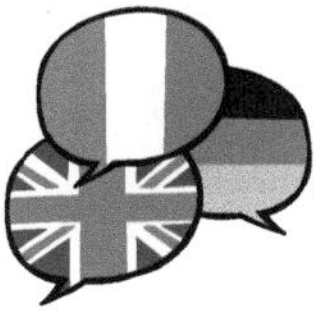

bahasa

dil

ya / tidak

evet / hayır

okay

Tamam

hallo

merhaba

penerjemah

çevirmen

terima kasih

Teşekkür ederim

Berapa harganya...?

bu ... ne kadar?

saya tidak mengerti

anlamadım

masalah

problem

Selamat malam!

İyi akşamlar!

Selamat siang!

Günaydın!

Selamat tidur!

İyi geceler!

sampai jumpa

güle güle

arah

yön

bagasi

bagaj

tas

çanta

ransel

sırt çantası

tamu

misafir

ruang

oda

kantong tidur

uyku tulumu

tenda

çadır

i

informasi wisata

turist danışma

pantai

sahil

BANK XY

kartu kredit

kredi kartı

sarapan

kahvaltı

makan siang

öğle yemeği

makan malam

akşam yemeği

tiket

Bilet

elevator

asansör

70

perangko

pul

perbatasan

sınır

cukai

gümrük

kedutaan

elçilik

visa

vize

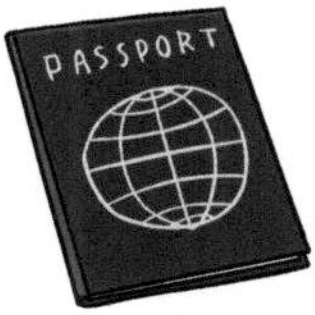
PASSPORT

paspor

pasaport

transportasi
ulaşım

kapal terbang
uçak
perahu
gemi
mobil pemadam kebakaran
yangın söndürme pompası
bis
otobüs
truk
kamyon
perahu motor
motorlu tekne
sepeda
bisiklet
mobil
otomobil

feri
feribot

perahu
bot

sepeda motor
motosiklet

mobil polisi
polis arabası

mobil balapan
yarış arabası

mobil sewa
kiralık araba

berbagi mobil

ortak araba

truk derek

çekici

truk sampah

çöp kamyonu

motor

motor

bahan bakar

yakıt

bensin

benzinlik

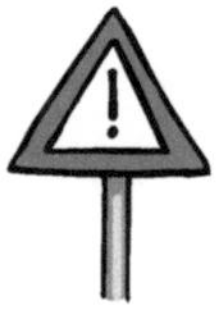

tanda lalulintas

trafik işareti

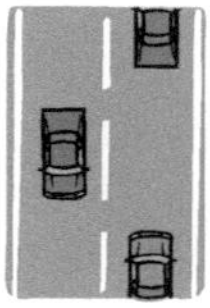

lalulintas

trafik

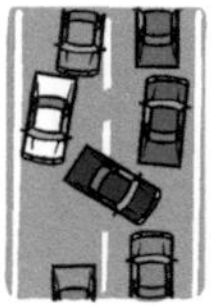

macet

trafik sıkışıklığı

parkir mobil

otopark

stasiun kereta

tren istasyonu

trek

ray

kereta api

tren

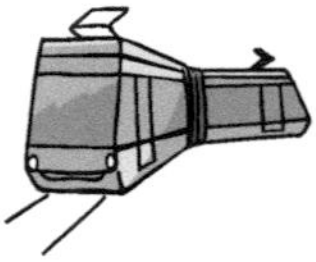

tram

tramvay

gerobak

vagon

helikopter

helikopter

bendara

havaalanı

menara

kule

penumpang

yolcu

container

konteyner

karton

koli

troli

yük arabası

keranjang

sepet

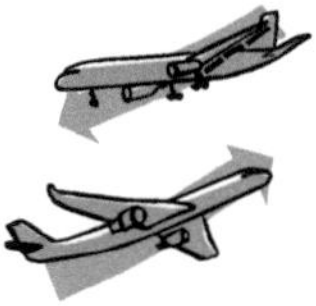

berangkat / mendarat

kalkış / iniş

kota
şehir

desa

köy

pusat kota

şehir merkezi

rumah

ev

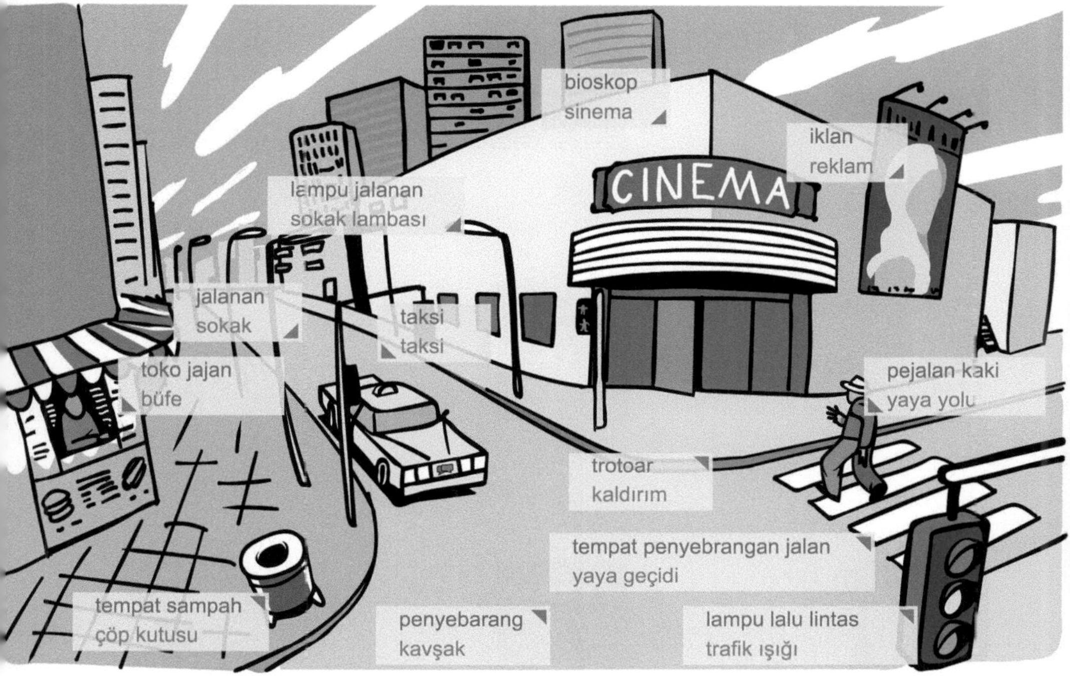
bioskop
sinema
iklan
reklam
CINEMA
lampu jalanan
sokak lambası
jalanan
sokak
taksi
taksi
toko jajan
büfe
pejalan kaki
yaya yolu
trotoar
kaldırım
tempat penyebrangan jalan
yaya geçidi
tempat sampah
çöp kutusu
penyebarang
kavşak
lampu lalu lintas
trafik ışığı

gubuk

kulübe

rumah flat

apartman dairesi

stasiun kereta

tren istasyonu

balai kota

belediye binası

MUSEUM

museum

müze

sekolah

okul

universitas

üniversite

BANK

bank

banka

rumah sakit

hastane

Grand

hotel

otel

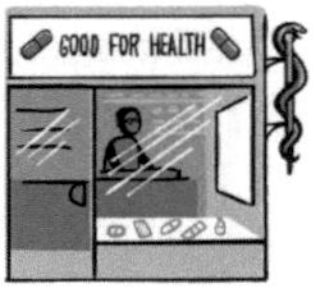
GOOD FOR HEALTH

farmasi

eczane

kantor

ofis

BOOKS
B

toko buku

kitapçı

toko

mağaza

FLOWERS

toko bunga

çiçekçi

S

supermarket

süpermarket

pasar

market

MALL

toko serba ada

büyük mağaza

FISH

nelayan

balık satıcısı

pusat belanja

alışveriş merkezi

pelabuhan

liman

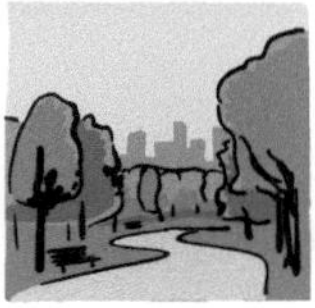

taman

park

banku

bank

jembatan

köprü

tangga

merdiven

kereta bawah tanah

metro

terowongan

tünel

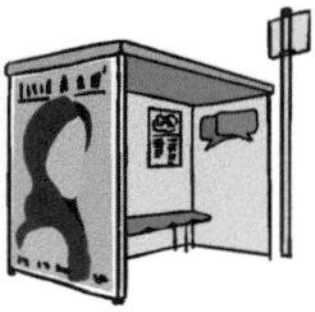

pemberhantian bis

otobüs durağı

bar

bar

CHEZ GERALD

restauran

restoran

kotak surat

posta kutusu

tanda jalan

sokak tabelası

meteran parkir

otopark sayacı

kebun binatang

hayvanat bahçesi

kolam renang

yüzme havuzu

mesjid

cami

pertanian

çiftlik

polusi

kirlilik

kuburan

mezarlık

gereja

kilise

tempat bermain

oyun alanı

pura

tapınak

pemandangan

arazi

daun
yaprak
penunjuk arah
yön tabelası
jalanan
yol
padang rumput
çayır
batu
taş
pohon
ağaç
pejalak kaki
yürüyüşçü
sungai
ırmak
rumput
çimen
bunga
çiçek

lembah

vadi

bukit

tepe

danau

göl

hutan

orman

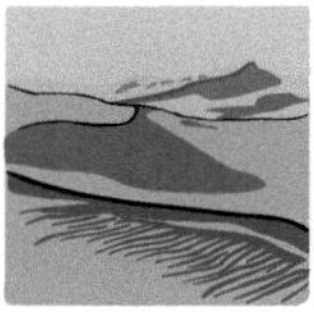

padang gurun

çöl

gunung berapi

volkan

istana

kale

pelangi

gökkuşağı

jamur

mantar

pohon palem

palmiye

nyamuk

sivrisinek

lalat

sinek

semut

karınca

lebah

arı

laba-laba

örümcek

kumbang

böcek

kodok

kurbağa

tupai

sincap

landak

kirpi

kelinci

yabani tavşan

burung hantu

baykuş

burung

kuş

angsa

kuğu

babi jantan

yaban domuzu

rusa

geyik

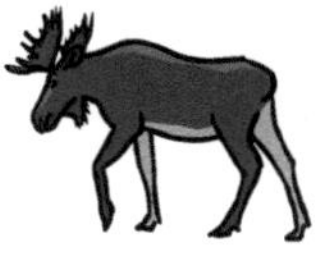

rusa

geyik

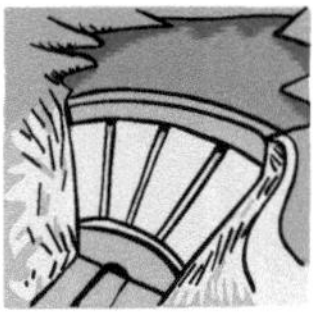

bendungan

baraj

turbin angin

rüzgar türbini

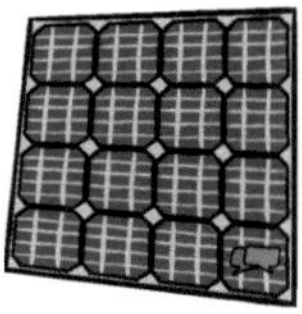

panel surya

güneş paneli

iklim

iklim

restauran

restoran

pelayan
garson
daftar makanan
menü
kursi
sandalye
sup
çorba
pizza
pizza
peralatan makan
çatal - bıçak
taplak
masa örtüsü

hindangan pembuka

başlangıç

hidangan utama

ana yemek

hidangan penutup

tatlı

minuman

içecekler

makanan

yemek

botol

şişe

fastfood

fastfood

masakan jalanan

sokak yemeği

teko teh

çaydanlık

kaleng gula

şekerlik

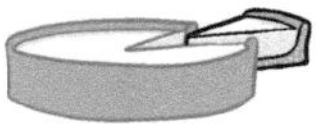

porsi

porsiyon

mesin espresso

espresso makinesi

kursi tinggi

mama sandalyesi

tagihan

fatura

baki

tepsi

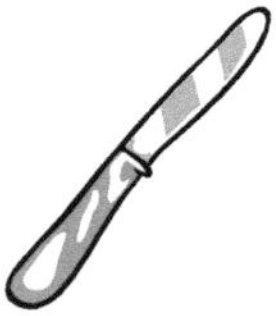

pisau

bıçak

garpu

çatal

sendok

kaşık

sendok teh

çay kaşığı

serbet

servis peçetesi

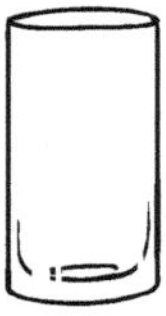

gelas

bardak

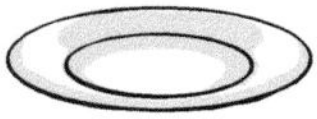

piring

tabak

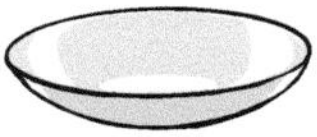

piring sup

çorba kasesi

lepek

fincan altlığı

saus

sos

tempat garam

tuzluk

gilingan merica

karabiber değirmeni

cuka

sirke

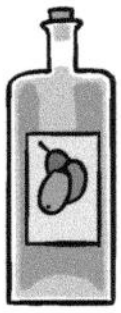

minyak

yağ

bumbu

baharat

saus tomat

ketçap

mustar

hardal

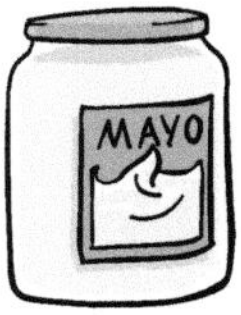
MAYO

mayones

mayonez

supermarket
süpermarket

penawaran khusus
özel teklif
FOR
klien
müşteri
produk susu
süt ürünleri
buah
meyve
troli
alışveriş arabası

BUTCHERS

pembantai

kasap

BAKERY

toko roti

fırın

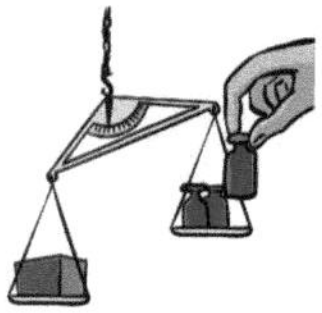

menimbang

tartmak

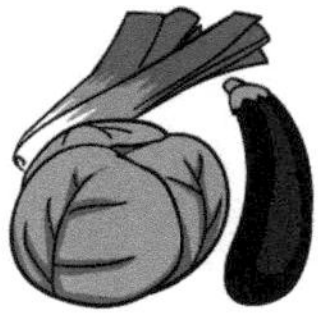

sayur

sebze

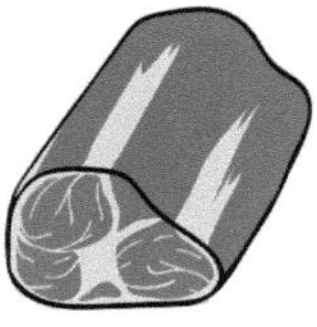

daging

et

makanan beku

donmuş gıda

pemotongan dingin

söğüş et

makanan kaleng

konserve yiyecek

clean

sabun serbuk

toz deterjan

BON
BON

permen

şekerlemeler

alat-alat rumah tangga

ev temizlik ürünleri

obat pembersihan

temizlik ürünleri

penjual

satış görevlisi

kasa

yazar kasa

kasir

kasiyer

daftar belanja

alışveriş listesi

OPEN

jam buka

açılış saatleri

dompet

cüzdan

BANK XY

kartu kredit

kredi kartı

tas

çanta

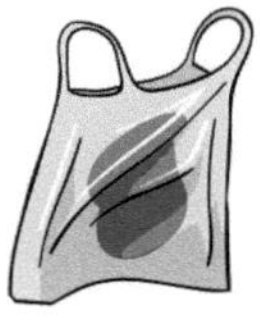

kantong plastik

plastik poşet

minuman
içecekler

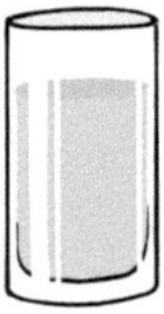

air

su

jus

meyve suyu

susu

süt

cola

kola

anggur

şarap

bir

bira

alkohol

alkol

CACAO

coklat

kakao

teh

çay

kopi

kahve

espresso

espresso

cappucino

kapuçino

makanan
yemek

pisang

muz

apel

elma

jeruk

portakal

semangka

kavun

jeruk lemon

limon

wortel

havuç

bawang putih

sarımsak

bambu

bambu

bawang bombai

soğan

jamur

mantar

kacang

çerez

mi

makarna

spagetti

spagetti

nasi

pirinç

salat

salata

kentang goreng

cips

kentang goreng

patates kızartması

pizza

pizza

hamburger

hamburger

sandwich

sandviç

sayatan

şinitzel

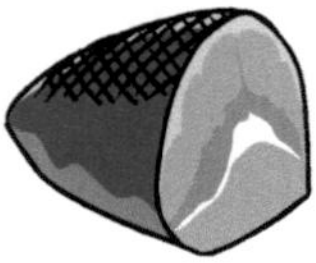

ham

pastırma

salami

salam

sosis

sosis

ayam

tavuk

menggoreng

rosto

ikan

balık

OATS

bubur gandum

yulaf ezmesi

MUESLI

sereal

müsli

cornflakes

mısır gevreği

405

tepung

un

croissant

kruvasan

roti

küçük ekmek

roti

ekmek

toast

tost

biskuit

bisküvi

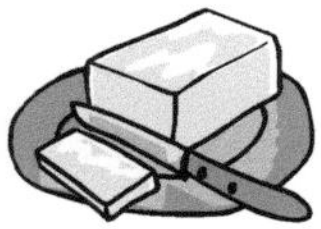

mentega

tereyağı

dadih

kaymak

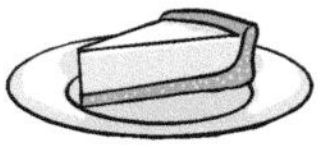

kue

kek

telur

yumurta

telur goreng

sahanda yumurta

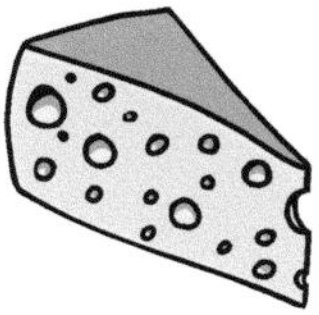

keju

peynir

eskrim

dondurma

gula

şeker

madu

bal

selai

reçel

krim nugat

fındık ezmesi

kare

köri

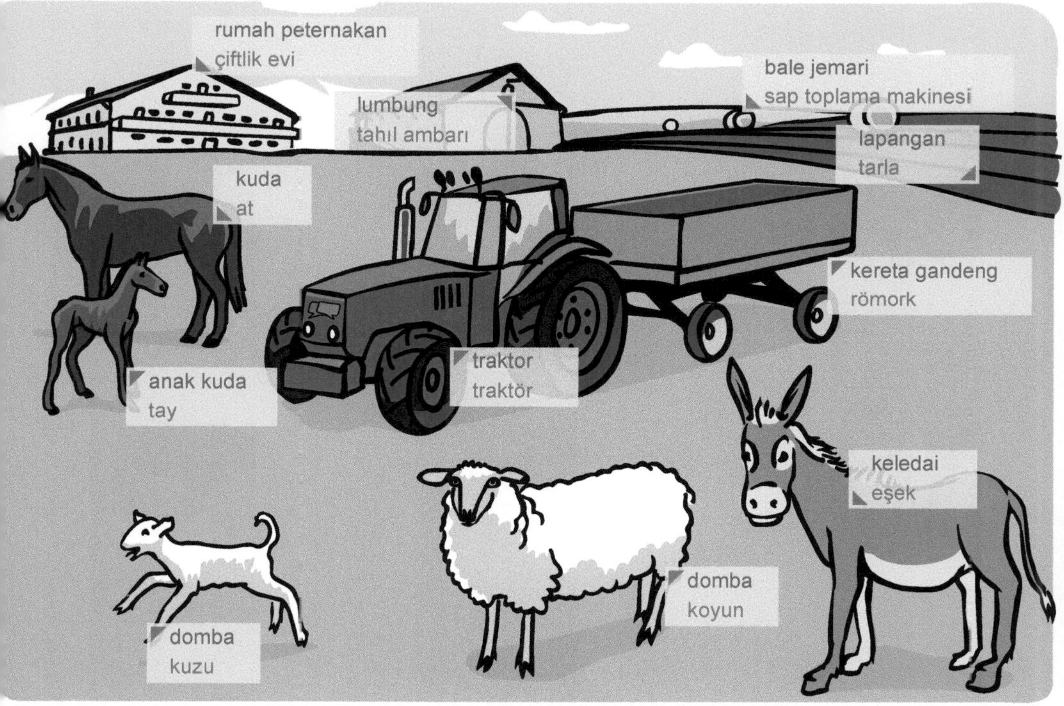
rumah peternakan
çiftlik evi
lumbung
tahıl ambarı
bale jemari
sap toplama makinesi
lapangan
tarla
kuda
at
kereta gandeng
römork
anak kuda
tay
traktor
traktör
keledai
eşek
domba
koyun
domba
kuzu

kambing

keçi

sapi

inek

betis

buzağı

babi

domuz

celeng

domuz yavrusu

banteng

boğa

angsa

kaz

bebek

ördek

anak ayam

civciv

ayam

tavuk

ayam jantan

horoz

tikus

sıçan

kucing

kedi

tikus

fare

lembu

öküz

anjing

köpek

rumah anjing

köpek kulübesi

selang

bahçe hortumu

penyiram

sulama kabı

sabit

tırpan

bajak

pulluk

sabit

orak

cangkul

çapa

garpu rumput

dirgen

kapak

balta

gerobak

el arabası

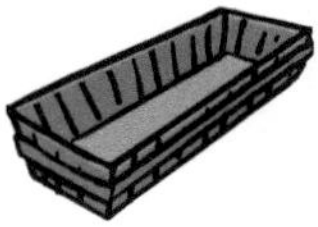

palung

yemlik

kaleng susu

süt kovası

karung

çuval

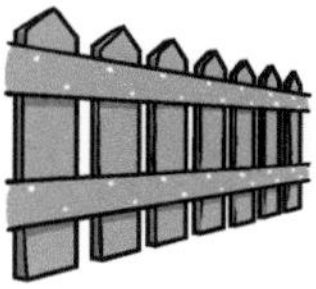

pagar

çit

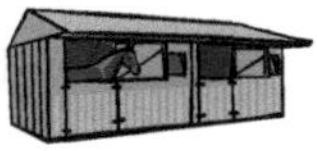

kandang

ahır

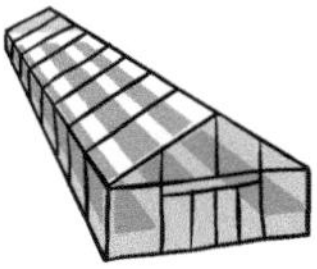

rumah kaca

sera

tanah

toprak

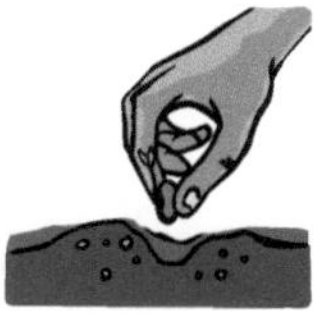

benih

tohum

pupuk

gübre

mesin pemanen

biçerdöver

panen

hasat etmek

panen

harman

yams

tatlı patates

gandum

buğday

kedelai

soya

kentang

patates

jagung

mısır

lobak

kolza

pohon buah

meyve ağacı

singkong

manyok

sereal

hububat

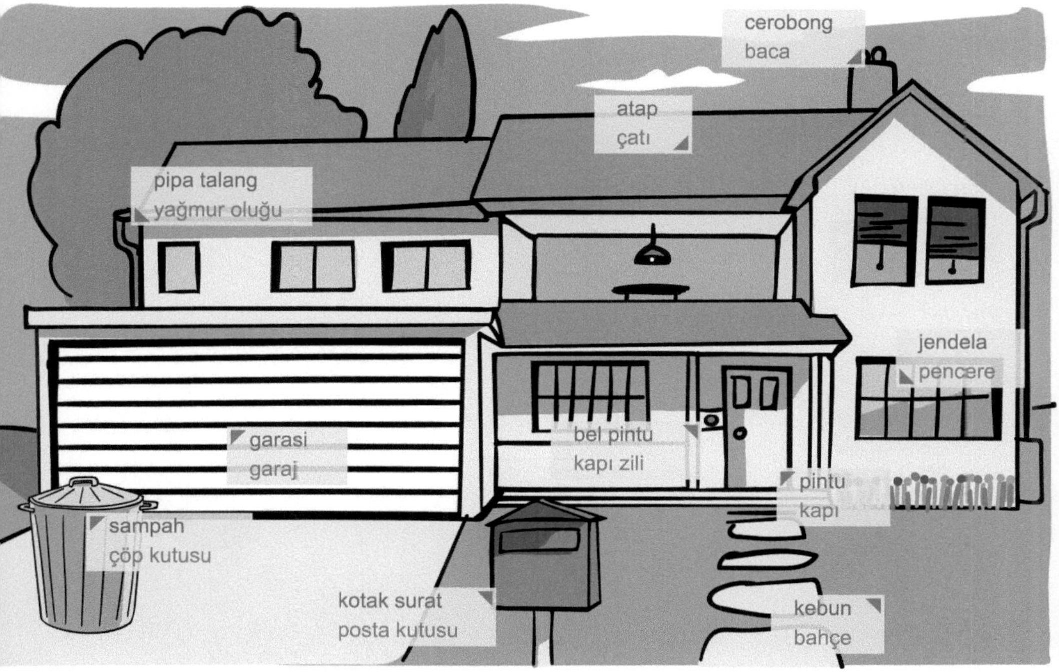
cerobong
baca
atap
çatı
pipa talang
yağmur oluğu
jendela
pencere
garasi
garaj
bel pintu
kapı zili
pintu
kapı
sampah
çöp kutusu
kotak surat
posta kutusu
kebun
bahçe

ruang tamu
oturma odası

kamar mandi
banyo

dapur
mutfak

kamar tidur
yatak odası

kamar anak
çocuk odası

kamar makan
yemek odası

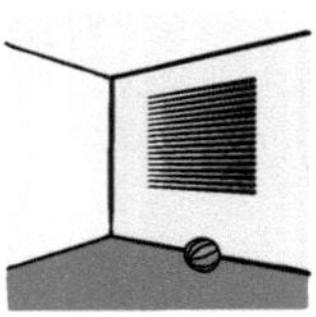

lantai

zemin

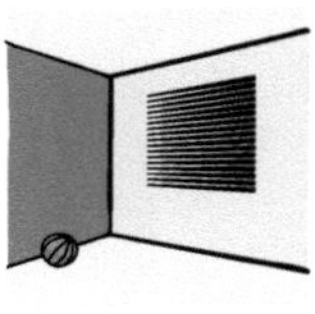

tembok

duvar

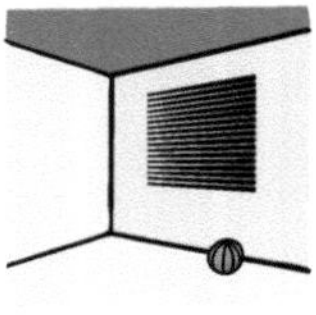

atap

tavan

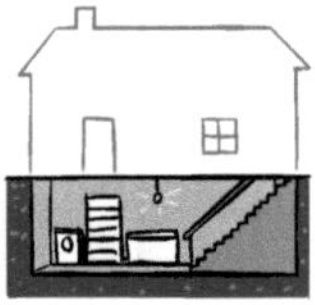

gudang di bawah tanah

kiler

sauna

sauna

balkon

balkon

teras

teras

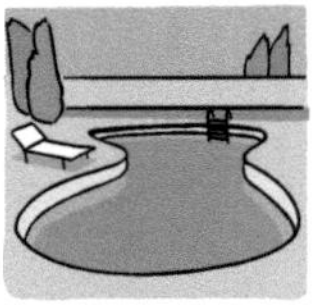

kolam renang

havuz

mesin pemotong rumput

çim biçme makinesi

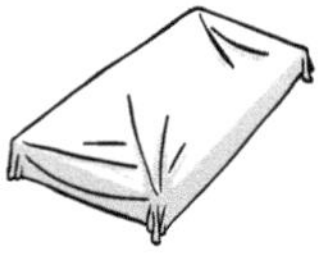

sprei

çarşaf

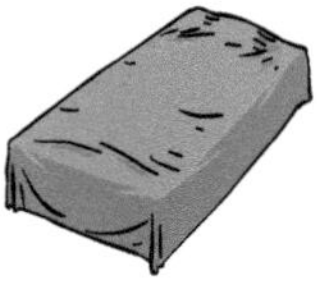

selimut

yatak örtüsü

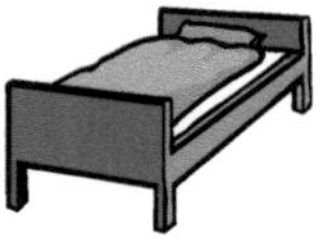

tempat tidur

yatak

sapu

süpürge

ember

kova

tombol

anahtar

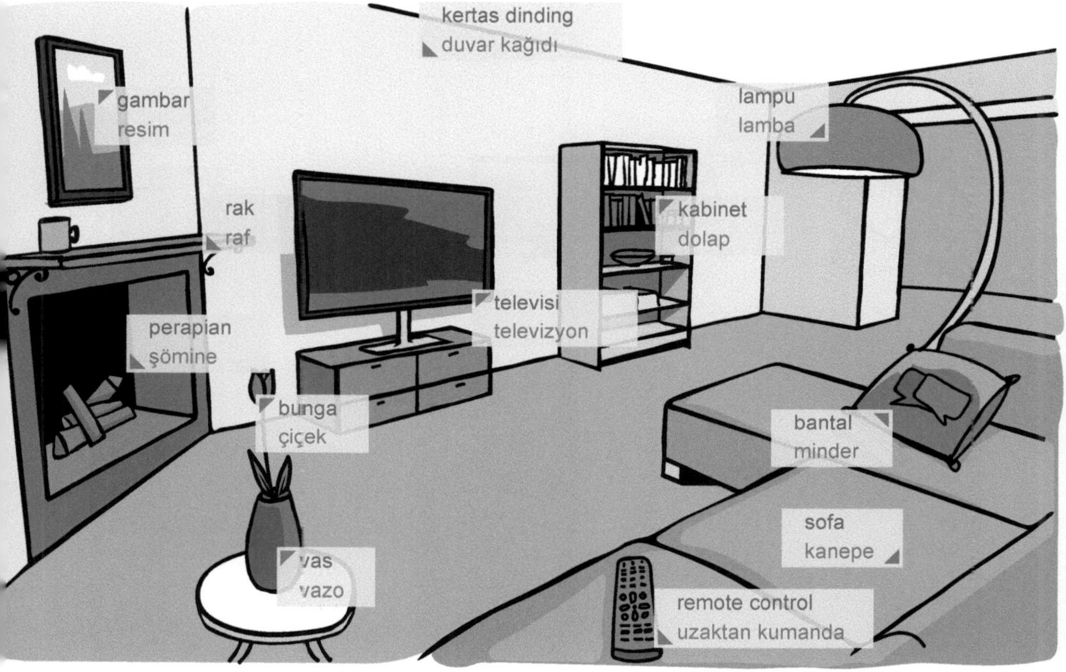
kertas dinding
duvar kağıdı
gambar
resim
lampu
lamba
rak
raf
kabinet
dolap
televisi
televizyon
perapian
şömine
bunga
çiçek
bantal
minder
sofa
kanepe
vas
vazo
remote control
uzaktan kumanda

karpet
halı

korden
perde

meja
masa

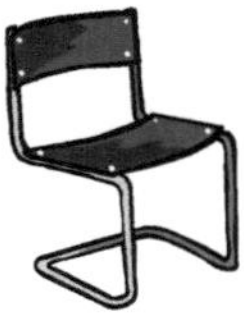
kursi
sandalye

kursi goyang
salıncaklı koltuk

kursi malas
koltuk

buku

kitap

selimut

battaniye

dekorasi

dekor

kayu bakar

odun

filem

film

hi-fi

hi-fi

kunci

anahtar

koran

gazete

lukisan

tablo

poster

poster

radio

radyo

buku tulis

defter

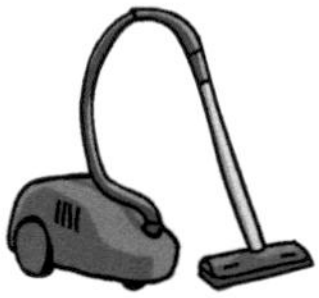

penyedot debu

elektrikli süpürge

kaktus

kaktüs

lilin

mum

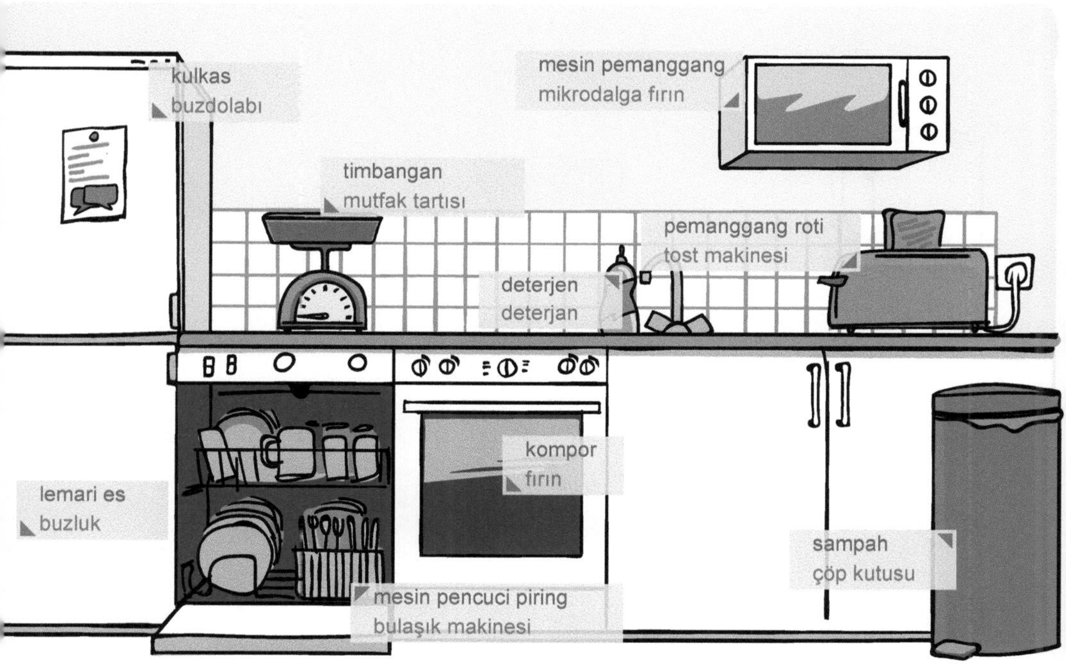
kulkas
buzdolabı
mesin pemanggang
mikrodalga fırın
timbangan
mutfak tartısı
pemanggang roti
tost makinesi
deterjen
deterjan
kompor
fırın
lemari es
buzluk
sampah
çöp kutusu
mesin pencuci piring
bulaşık makinesi

kompor
ocak

panci
tencere

panci besi
döküm tencere

wajan
wok

panci
tava

pemanas air
su ısıtıcı

panci pengukus makanan

buharlı pişirici

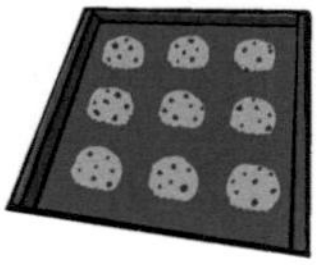

nampan

pişirme tepsisi

piring

tabak takımı

cangkir

kupa

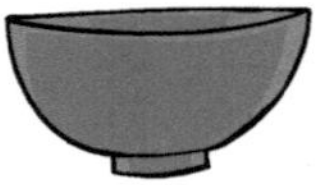

mangkok

kase

sumpit

çubuk (çin yemeği)

sendok sup

kepçe

sudip

spatula

mengocok

çırpma teli

saringan

süzgeç

saringan

elek

parutan

rende

mortir

havan

barbeque

barbekü

api terbuka

açık ateş

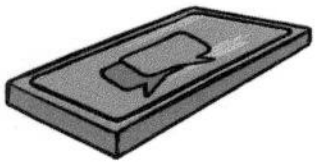

papan memotong

kesme tahtası

gilingan

merdane

alat pembuka botol

tirbüşon

kaleng

konserve kutusu

pembuka kaleng

konserve açacağı

pegangan panci

fırın eldiveni

wastafel

evye

sikat

fırça

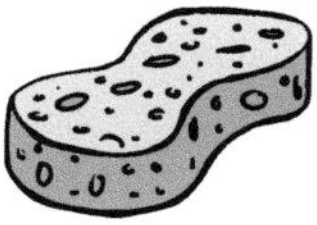

busa

sünger

mesin pencampur

blender

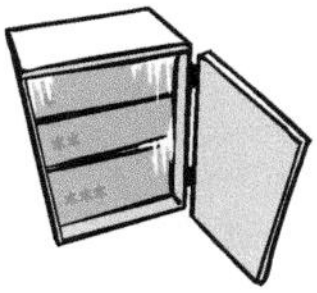

lemari es

derin dondurucu

botol bayi

biberon

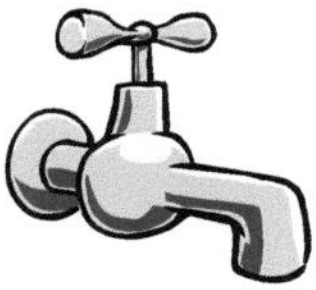

keran

musluk

kamar mandi
banyo

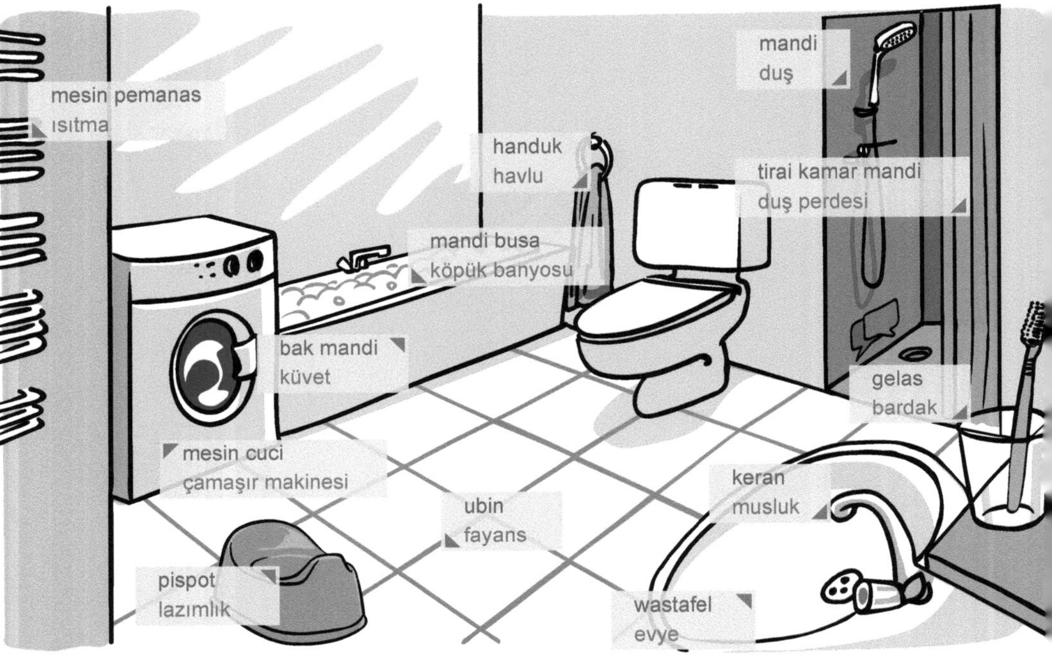
mesin pemanas
ısıtma
handuk
havlu
mandi
duş
tirai kamar mandi
duş perdesi
mandi busa
köpük banyosu
bak mandi
küvet
gelas
bardak
mesin cuci
çamaşır makinesi
keran
musluk
ubin
fayans
pispot
lazımlık
wastafel
evye

toilet

tuvalet

toilet jongkok

alaturka tuvalet

bidet

bide

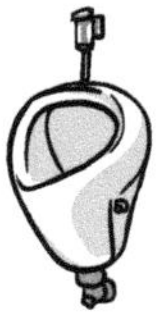

pissoir

pisuvar

kertas toilet

tuvalet kağıdı

sikat toilet

tuvalet fırçası

sikat gigi

diş fırçası

pasta gigi

diş macunu

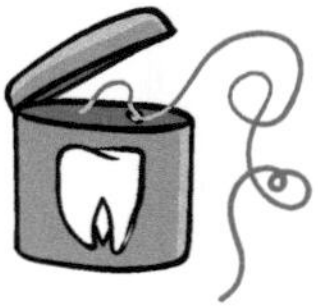

benang gigi

diş ipi

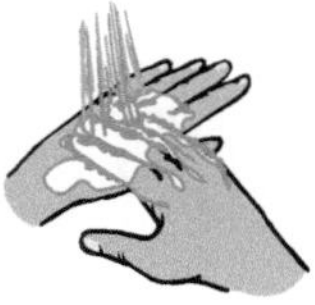

menyuci

yıkamak

pancuran tangan

duş başlığı

pancuran

duş başlığı şeklinde taharet musluğu

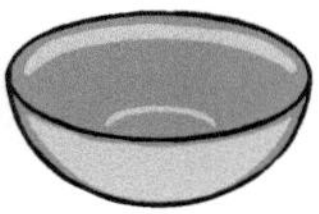

bak

küvet

sikat punggung

banyo fırçası

sabun

sabun

gel mandi

duş jeli

sampo

şampuan

planel

banyo lifi

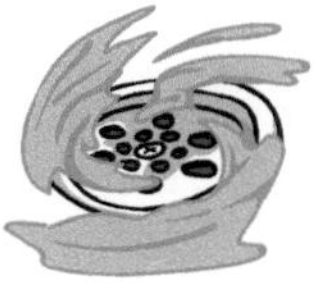

kuras

gider

krim

krem

deodoran

deodorant

kaca

ayna

cermin tangan

el aynası

pisau cukur

jilet

busa cukur

tıraş köpüğü

aftershave

tıraş losyonu

sisir

tarak

sikat

fırça

alat pengering rambut

saç kurutma makinesi

semprot rambut

saç spreyi

makeup

makyaj

lipstik

ruj

cat kuku

tırnak cilası

kapas

pamuk

gunting kuku

tırnak makası

minyak wangi

parfüm

kantong pencuci

makyaj çantası

bangku

tabure

timbangan

tartı

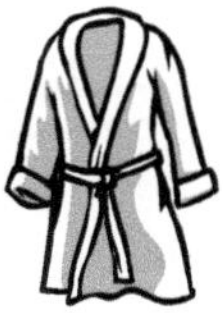

mantel mandi

bornoz

sarung tangan karet

lastik eldiven

tampon

tampon

handuk pembalut

kadın pedi

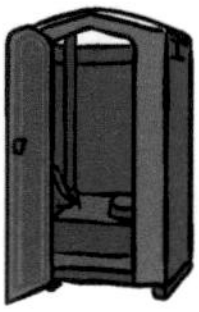

toilet kimia

kimyevi tuvalet

kamar anak
çocuk odası

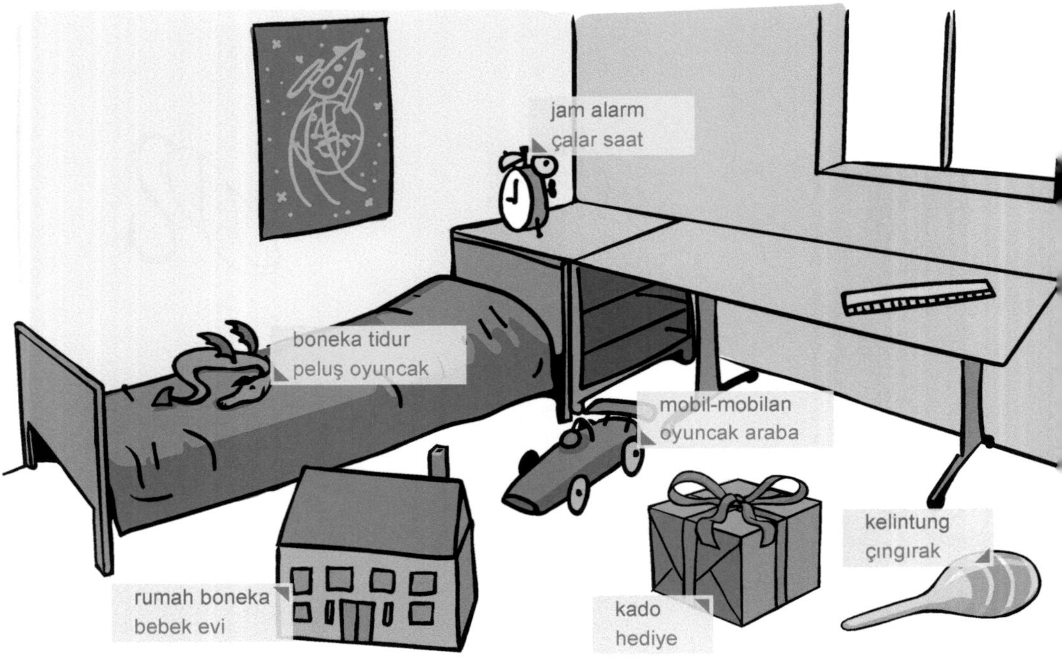

jam alarm
çalar saat
boneka tidur
peluş oyuncak
mobil-mobilan
oyuncak araba
kelintung
çıngırak
rumah boneka
bebek evi
kado
hediye

balon

balon

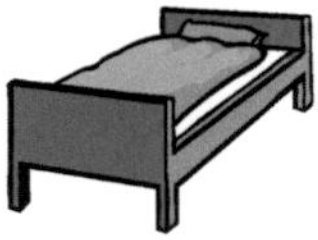

tempat tidur

yatak

kereta bayi

bebek arabası

mainan kartu

kart destesi

teka-teki

yapboz

SUPER MEGA

komik

çizgi roman

mainan lego

lego tuğlaları

blok mainan

lego blokları

figur aksi

aksiyon figürü

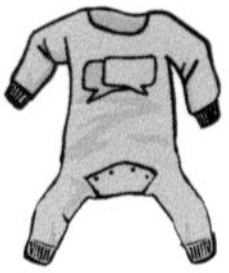

baju monyet

zıbın

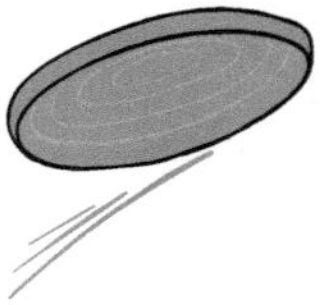

frisbee

frizbi

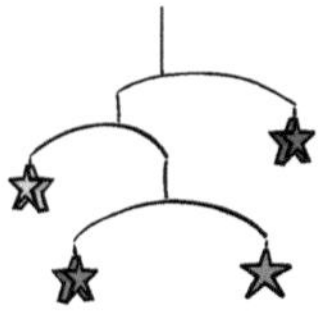

mobile

dönence

permainan papan

masa oyunu

dadu

zar

set model kreta api

model tren seti

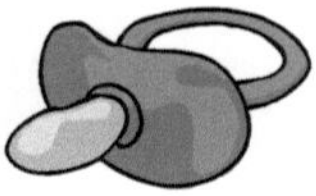

dot

emzik

pesta

parti

buku gambar

resimli kitap

bola

top

boneka

oyuncak bebek

bermain

oynamak

tempat main pasir

kum havuzu

ayunan

salıncak

mainan

oyuncaklar

video game konsol

video oyun konsolu

sepeda roda tiga

üç tekerlekli bisiklet

teddy

oyuncak ayı

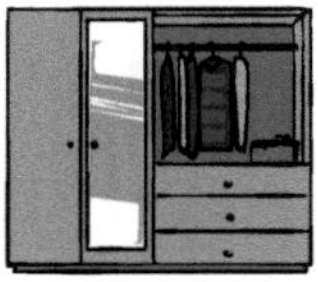

lemari pakaian

gardırop

pakaian

kıyafet

kaos kaki

çorap

kaos kaki

külotlu çorap

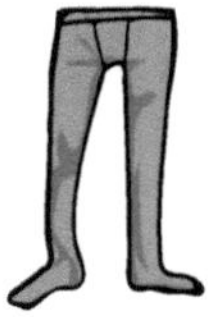

baju ketat

tayt

syal
eşarp

payung
şemsiye

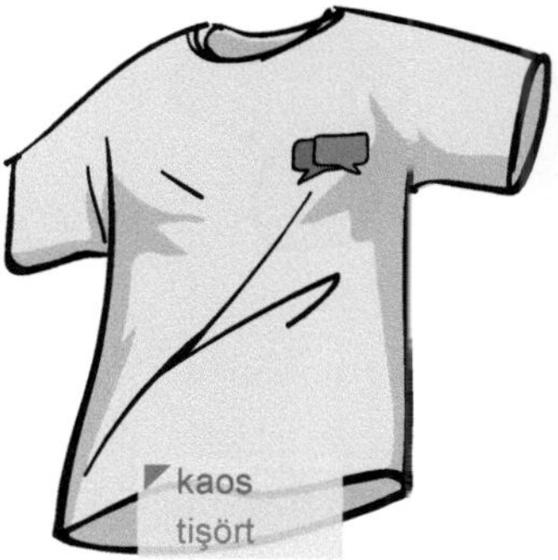
kaos
tişört

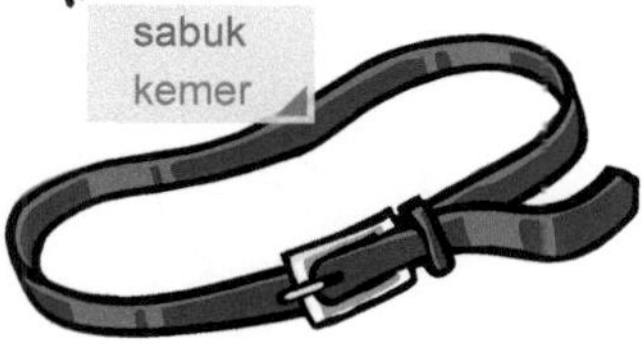
sabuk
kemer

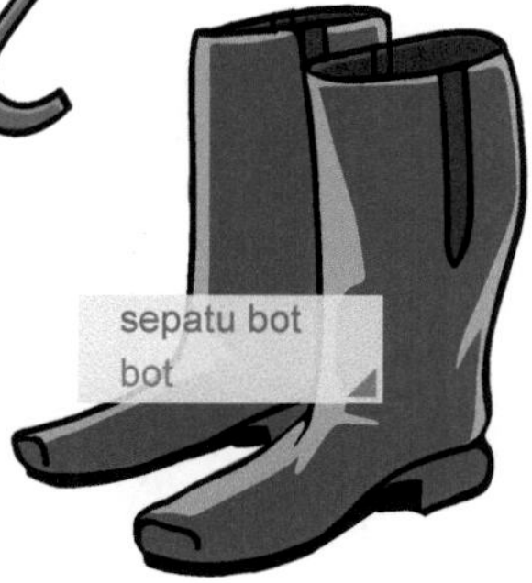
sepatu bot
bot

sepatu
spor ayakkabı

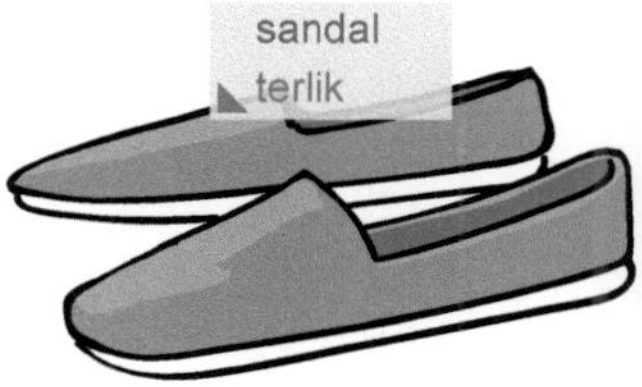
sandal
terlik

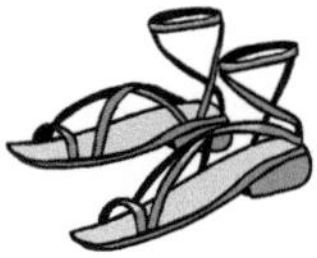

sandal
sandalet

sepatu
ayakkabı

sepatu bot karet
lastik çizme

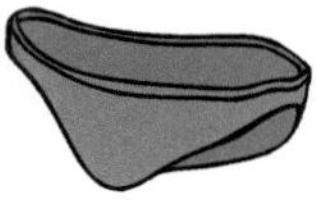

celana dalam
külot

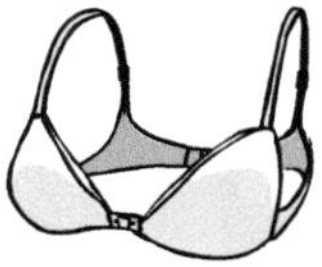

BH
sütyen

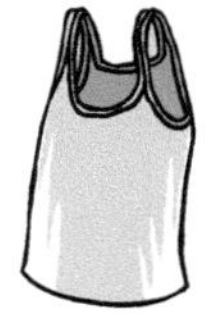

baju rompi
yelek

body

dar bluz

celana

pantolon

jeans

kot pantolon

rok

etek

blus

bluz

kemeja

gömlek

aket berkerudung

kazak

sweater

süveter

jaket

blazer

jaket

ceket

mantel

mont

jas hujan

yağmurluk

kostum

kostüm

gaun

elbise

gaun pengantin

gelinlik

setelan resmi

takım elbise

gaun tidur

gecelik

piyama

pijama

sari

sari

jilbab

baş örtüsü

turban

türban

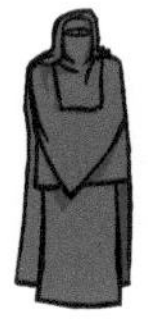

burka

burka

kaftan

kaftan

abaya

çarşaf

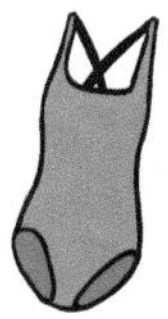

pakaian renang

mayo

celana renang

erkek mayosu

celana pendek

şort

olah raga

eşofman

celemek

önlük

sarung tangan

eldiven

kancing

düğme

kacamata

gözlük

gelang

bilezik

kalung

kolye

cincin

yüzük

anting

küpe

topi

kep

gantungan mantel

portmanto

topi

şapka

dasi

kravat

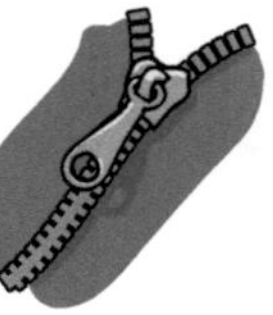

ritsleting

fermuar

helm

kask

tali selempang

pantolon askısı

seragam sekolah

okul forması

seragam

üniforma

oto

mama önlüğü

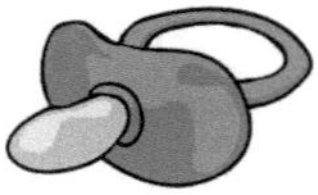

dot

emzik

popok

bebek bezi

kantor

ofis

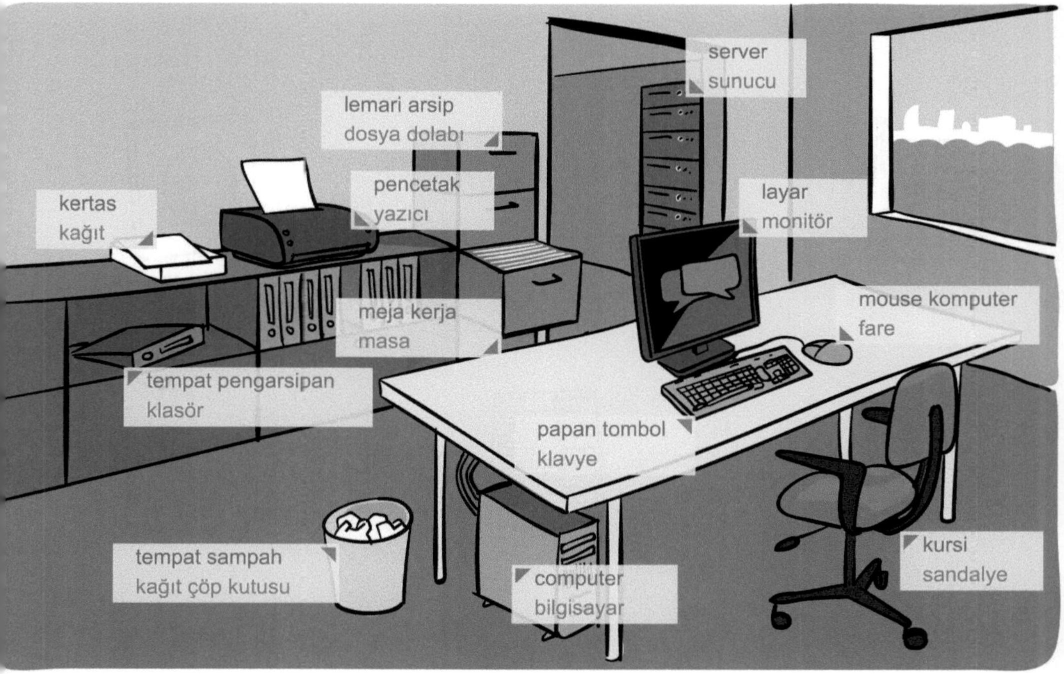

server
sunucu
lemari arsip
dosya dolabı
pencetak
yazıcı
kertas
kağıt
layar
monitör
mouse komputer
fare
meja kerja
masa
tempat pengarsipan
klasör
papan tombol
klavye
tempat sampah
kağıt çöp kutusu
computer
bilgisayar
kursi
sandalye

cangkir kopi

kahve fincanı

kalkulator

hesap makinesi

internet

internet

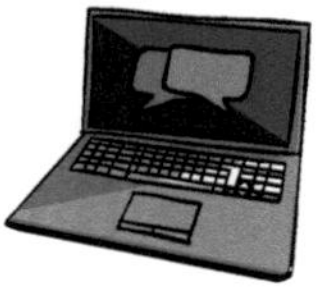

laptop

dizüstü

surat

mektup

pesan

mesaj

telepon seluler

cep telefonu

jaringan

ağ

fotokopi

fotokopi makinesi

software

yazılım

telepon

telefon

plug soket

priz

mesin fax

faks makinesi

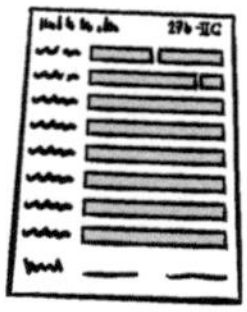

formulir

form

dokumen

belge

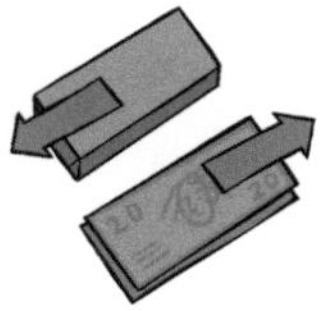

membeli

satın almak

membayar

ödemek

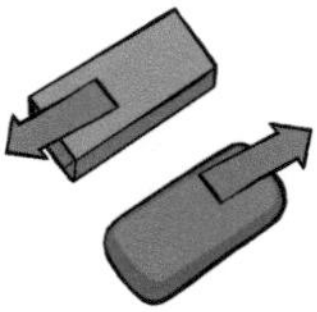

berdagang

ticaret yapmak

uang

para

USD

Dollar

dolar

EUR

Euro

avro

JPY

Yen

yen

RUB

Rubel

ruble

CHF

Franc Swiss

İsviçre frangı

CNY

Renminbi Yuan

Çin yuanı

INR

Rupiah

rupi

ATM

ATM

kasa

kantor pertukaran mata uang

döviz bürosu

emas

altın

perak

gümüş

minyak

petrol

energi

enerji

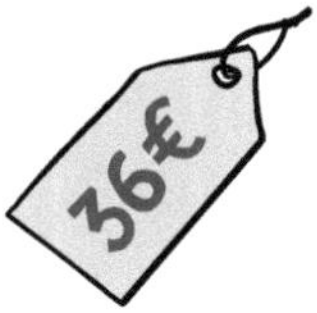
36€

harga

fiyat

kontrak

kontrat

pajak

vergi

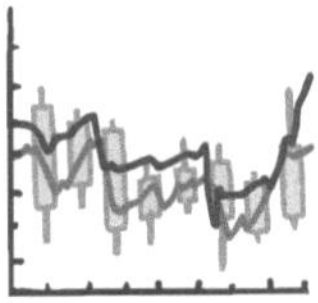

saham

menkul değer

bekerja

çalışmak

karyawan

işveren

majikan

işçi

pabrik

fabrika

toko

mağaza

petugas polisi
polis memuru
pemadam kebakaran
itfaiyeci
pemasak
aşçı
dokter
doktor
pilot
pilot

tukan kebun
bahçıvan

tukang kayu
marangoz

penjahit wanita
terzi

hakim
hakim

ahli kimia
kimyager

aktor
aktör

sopir bis
otobüs şoförü

sopir taksi
taksi şoförü

nelayan
balıkçı

pembantu
temizlikçi

tukang atap
çatı ustası

pelayan
garson

pemburu
avcı

pelukis
boyacı

tukang roti
fırıncı

tukang listrik
elektrikçi

pembangun
inşaatçı

insinyur
mühendis

tukang daging
kasap

tukang ledeng
muslukçu

tukang pos
postacı

tentara

asker

arsitek

mimar

kasir

kasiyer

penjual bunga

çiçekçi

penata rambut

kuaför

konduktor

kondüktör

montir

tamirci

kapten

kaptan

dokter gigi

dişçi

ilmuwan

bilim insanı

rabbi

haham

imam

imam

biarawan

keşiş

pendeta

rahip

alat

aletler

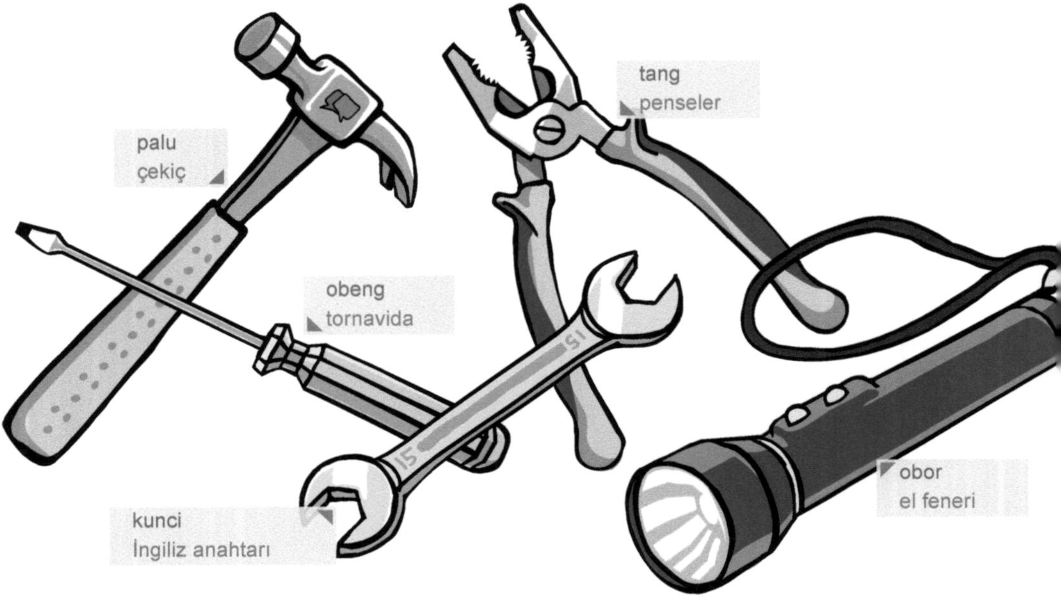
palu
çekiç
tang
penseler
obeng
tornavida
kunci
İngiliz anahtarı
obor
el feneri

penggali

kazı makinesi

tas perkakas

alet çantası

tangga

merdiven

gergaji

testere

paku

çiviler

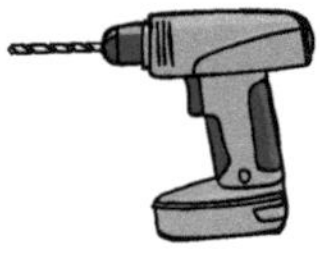

bor

matkap

perbaikan

tamir etmek

sekop

kürek

Sialan!

Kahretsin!

cikrak

faraş

pot cat

boya tenekesi

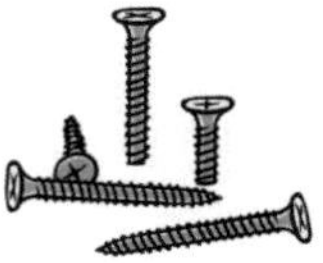

sekrup

vidalar

alat musik
müzik enstrümanı

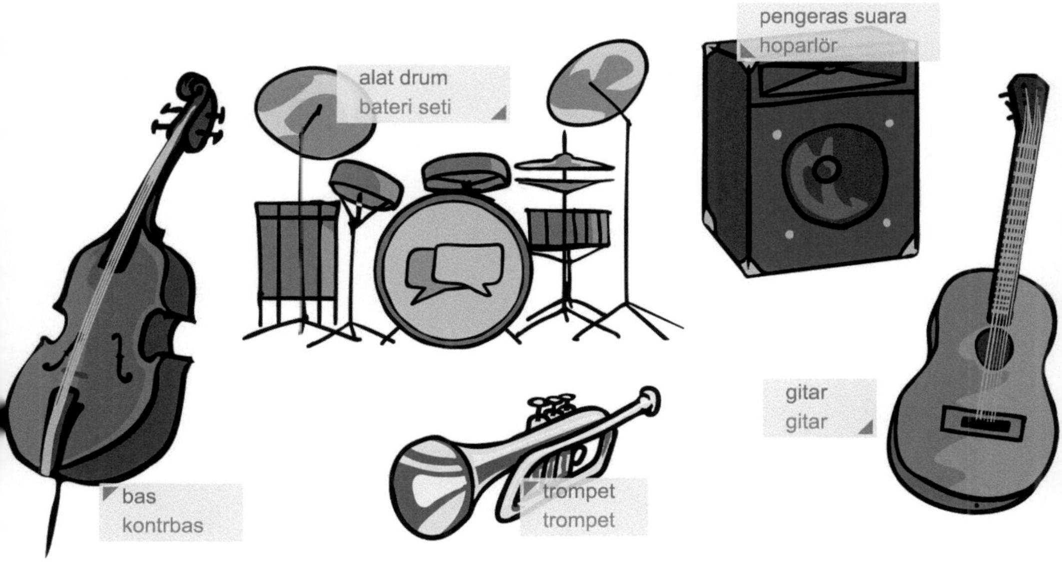
pengeras suara
hoparlör
alat drum
bateri seti
gitar
gitar
bas
kontrbas
trompet
trompet

piano

piyano

violin

keman

bass

basgitar

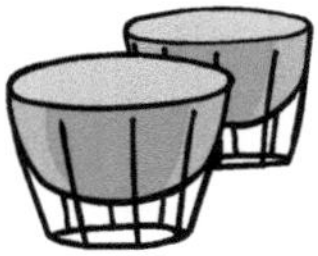

tambur

timpani

drum

bateri

keyboard

klavye

saksofon

saksafon

suling

flüt

mikrofon

mikrofon

kebun binatang
hayvanat bahçesi

macan
kaplan
kandang
kafes
sebra
zebra
pakan ternak
hayvan yemi
pintu masuk
giriş
panda
panda

hewan
hayvanlar

gajah
fil

kanguru
kanguru

badak
gergedan

gorila
goril

beruang
ayı

unta

deve

burung unta

deve kuşu

singa

aslan

monyet

maymun

flamingo

flamingo

burung beo

papağan

beruang polar

kutup ayısı

penguin

penguen

hiu

köpek balığı

merak

tavus kuşu

ular

yılan

buaya

timsah

penjaga kebun binatang

hayvanat bahçesi görevlisi

segel

fok

jaguar

jaguar

kuda poni

midilli atı

macan tutul

leopar

kuda nil

su aygırı

jerapah

zürafa

burung elang

kartal

babi jantan

yaban domuzu

ikan

balık

kura-kura

kaplumbağa

anjing laut

mors

rubah

tilki

kijang

ceylan

american football
amerikan futbolu
naik sepeda
bisiklete binme
tennis
tenis
basketbal
basketbol
bernang
yüzme
hoki es
buz hokeyi
tinju
boks

sepak bola

futbol

badminton

badminton

atletik

atletizm

bola tangan

hentbol

main ski

kayak

polo

polo

ketawa
gülmek
meloncat
atlamak
memeluk
sarılmak
berjalan
yürümek
menyanyi
söylemek
mengimpi
hayal etmek
berdoa
dua etmek
mencium
öpmek

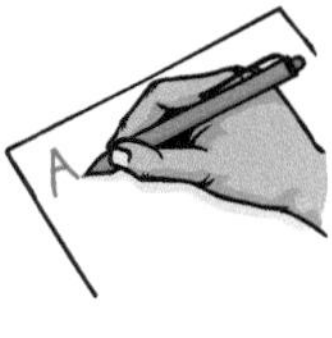

menulis

yazmak

melukis

çizmek

menunjuk

göstermek

mendorong

itmek

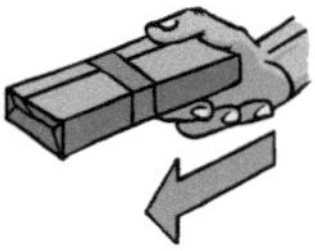

memberikan

vermek

mengambil

almak

mempunyai

sahip olmak

melakukan

yapmak

adalah

olmak

berdiri

ayakta durmak

berlari

koşmak

menarik

çekmek

melempar

atmak

jatuh

düşmek

tidur

yalan söylemek

menunggu

beklemek

membawa

taşımak

duduk

oturmak

berpakaian

giyinmek

tidur

uyumak

bangun

uyanmak

melihat

bakmak

menangis

ağlamak

mengelus

vurmak

menyisir

taramak

berbicara

konuşmak

mengerti

anlamak

?

menanyak

sormak

mendengar

dinlemek

minum

içmek

makan

yemek

merapikan

düzenlemek

cinta

sevmek

memasak

pişirmek

menyetir

sürmek

terbang

uçmak

berlayar

denize açılmak

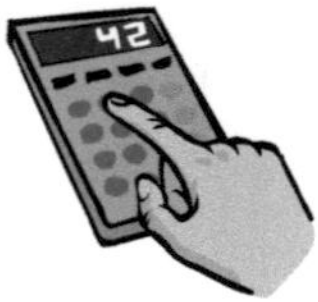
42

menghitung

hesapla

membaca

okumak

belajar

öğrenmek

bekerja

çalışmak

menikah

evlenmek

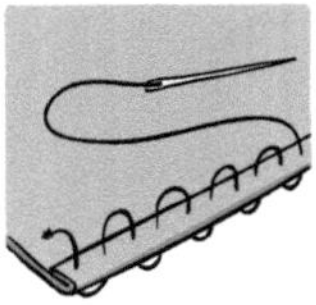

menjahit

dikmek

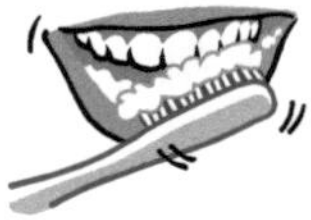

sikat gigi

diş fırçalamak

membunuh

öldürmek

merokok

sigara içmek

kirim

yollamak

keluarga
aile

nenek
büyükanne
kakek
büyükbaba
bapak
baba
ibu
anne
bayi
bebek
putri
kız
putra
oğul

tamu

misafir

bibi

teyze

paman

amca

kakak laki

erkek kardeş

kakak perempuan

kız kardeş

badan
vücut

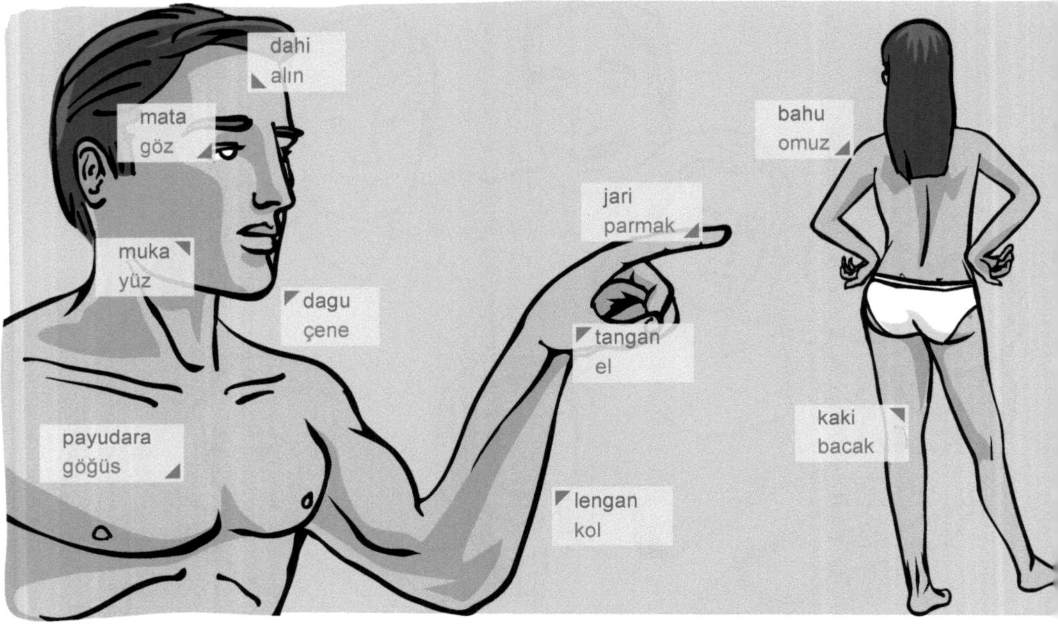
dahi
alın
mata
göz
bahu
omuz
jari
parmak
muka
yüz
dagu
çene
tangan
el
kaki
bacak
payudara
göğüs
lengan
kol

bayi

bebek

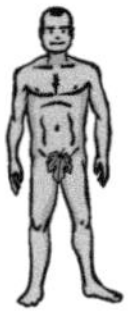

pria

adam

wanita

kadın

perempuan

kız

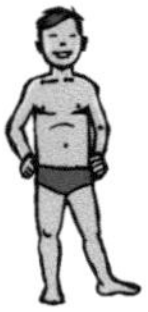

laki

erkek çocuk

kepala

baş

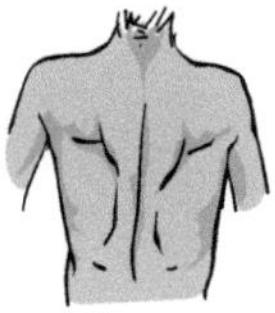

punggung

sırt

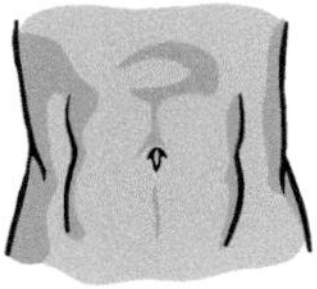

perut

karın

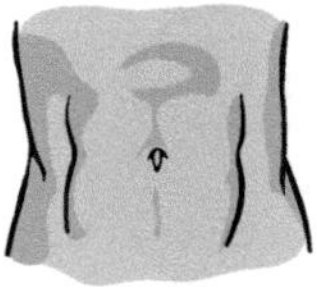

pusar

göbek

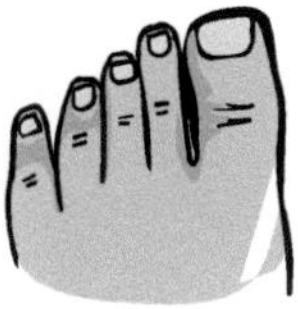

toe

ayak parmağı

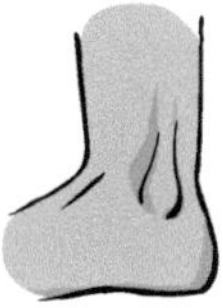

tumit

topuk

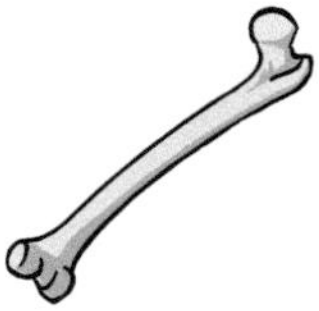

tulang

kemik

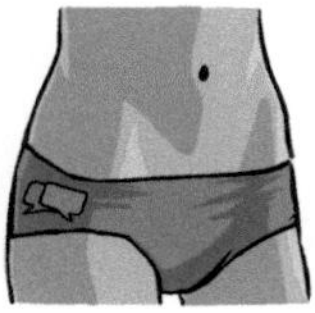

pinggang

kalça

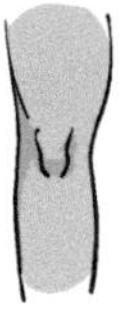

lutut

diz

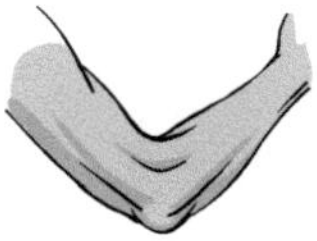

siku

dirsek

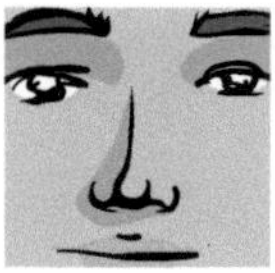

hidung

burun

pantat

kalça

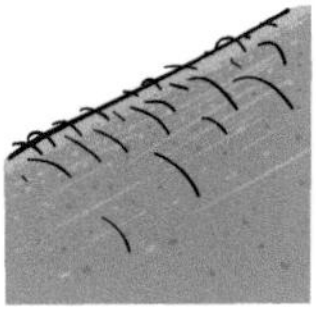

kulit

deri

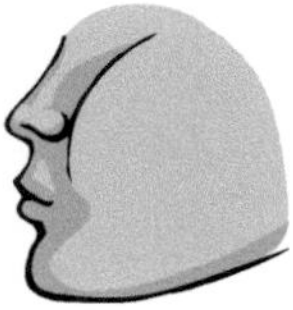

pipi

yanak

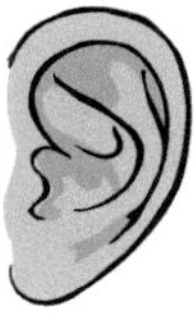

telinga

kulak

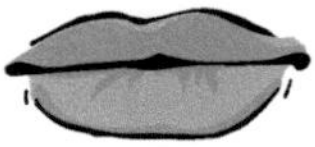

bibir

dudak

mulut

ağız

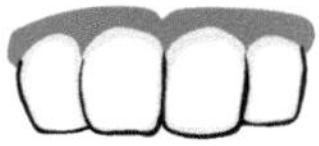

gigi

diş

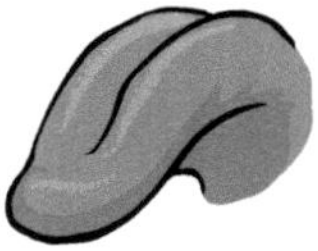

lidah

dil

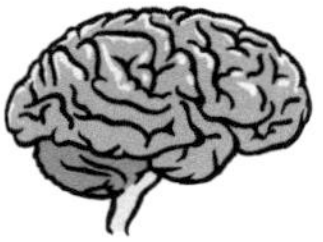

otak

beyin

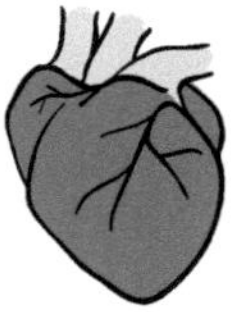

jantung

kalp

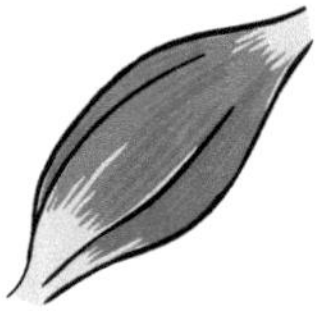

otot

kas

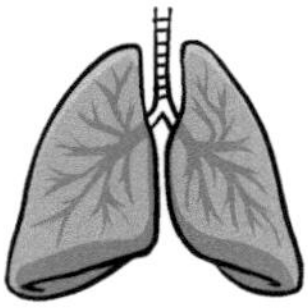

paru-paru

akciğer

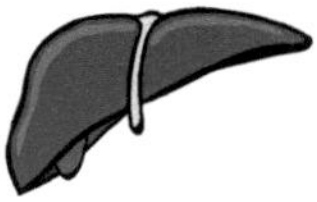

hati

karaciğer

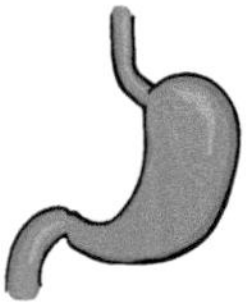

stomach

mide

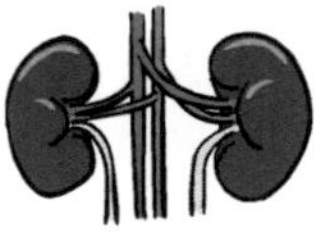

ginjal

böbrekler

hubungan seks

seks

kondom

prezervatif

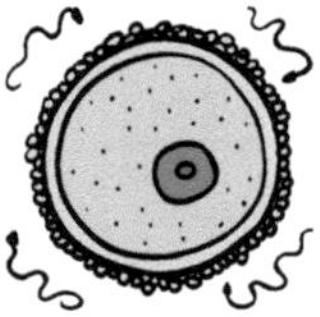

sel telur

yumurtalık

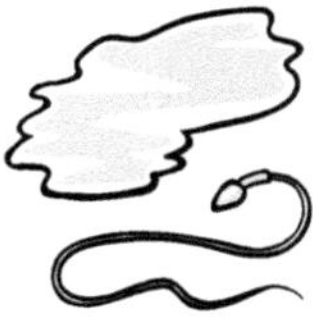

sperma

sperm

kehamilan

hamilelik

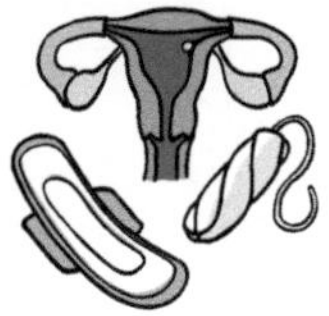

menstruasi

regl

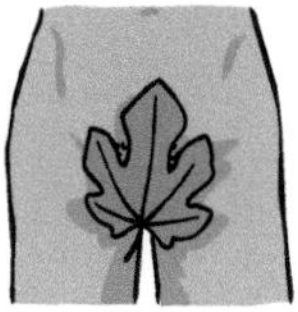

vagina

vajina

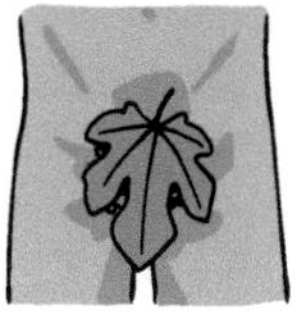

penis

penis

alis

kaş

rambut

saç

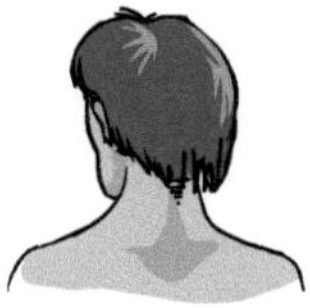

leher

boyun

rumah sakit
hastane

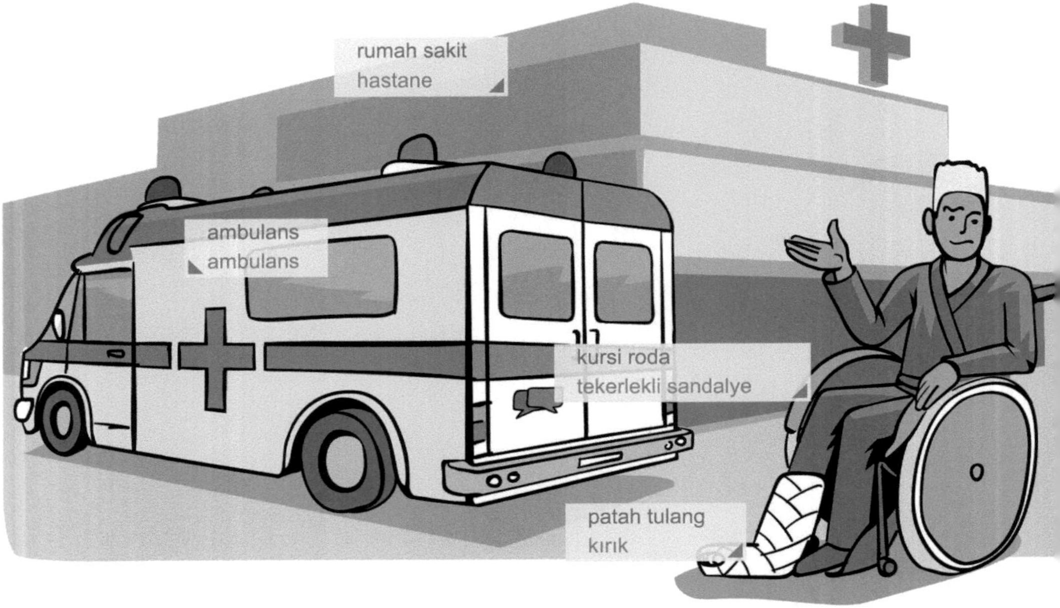
rumah sakit
hastane
ambulans
ambulans
kursi roda
tekerlekli sandalye
patah tulang
kırık

dokter
doktor

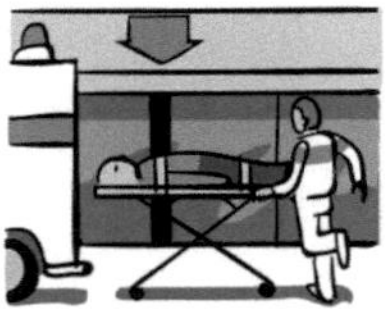

ruang darurat
acil servis

perawat
hemşire

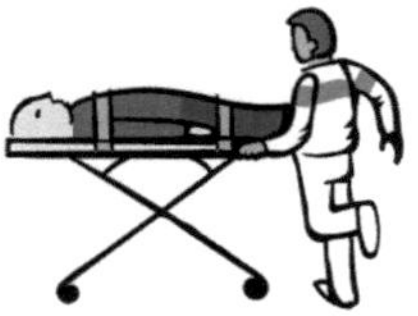

darurat
acil

semaput
baygın

sakit
acı

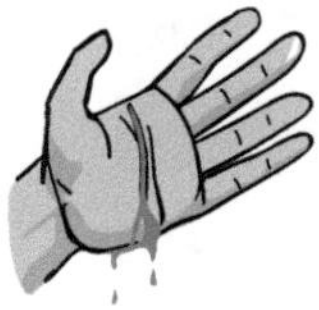

cedera

yaralanma

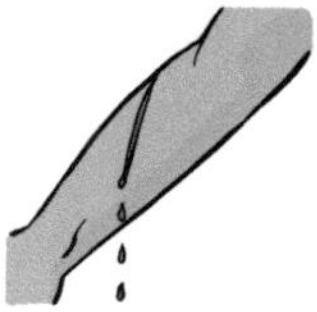

perdarahan

kanama

serangan jantung

kalp krizi

stroke

felç

alergi

alerji

batuk

öksürük

demam

ateş

flu

grip

diare

ishal

sakit kepala

baş ağrısı

kanker

kanser

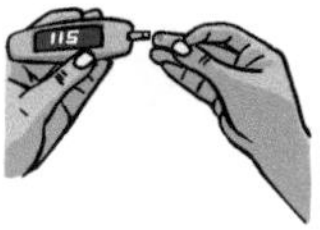

diabetes

şeker hastalığı

ahli bedah

cerrah

pisau bedah

neşter

operasi

operasyon

CT

bilgisayarlı tomografi

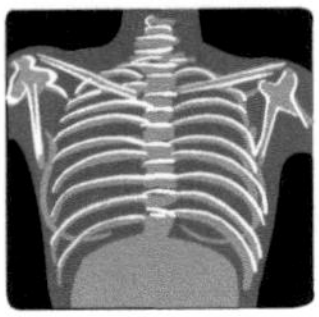

sinar x

röntgen

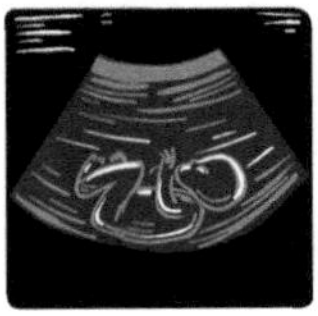

usg

ultrason

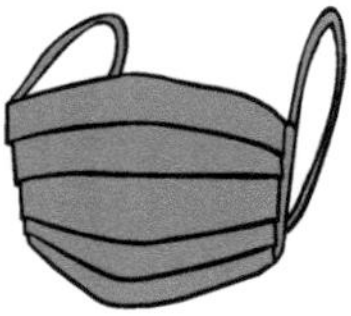

topeng

yüz maskesi

penyakit

hastalık

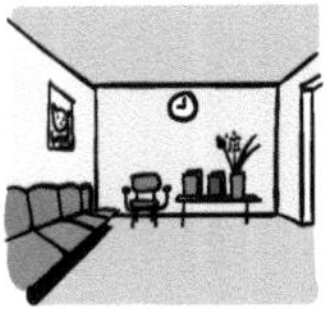

ruang tunggu

bekleme odası

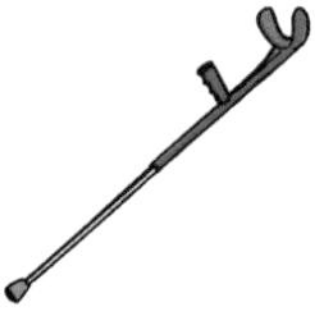

penyokong

koltuk değneği

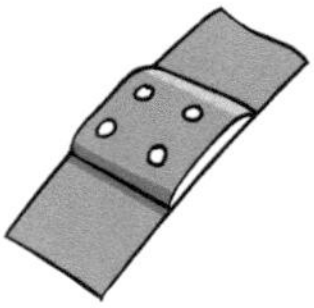

plester

yara bandı

perban

bandaj

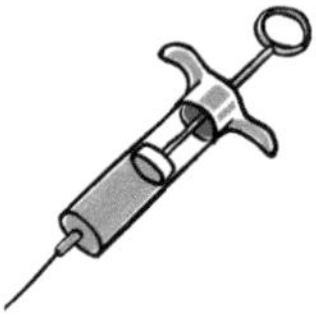

injeksi

enjeksiyon

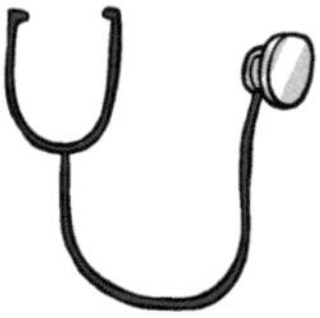

stetoskop

steteskop

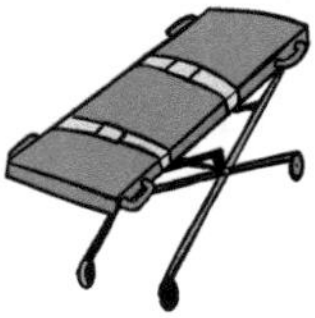

usungan

sedye

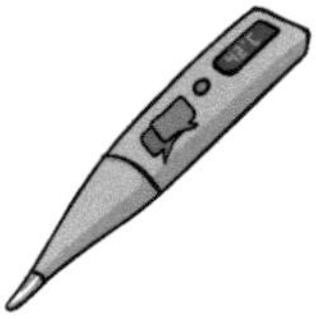

termometer klinis

tıbbi termometre

kelahiran

doğum

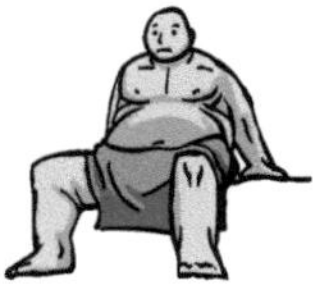

kelebihan berat badan

fazla kilo

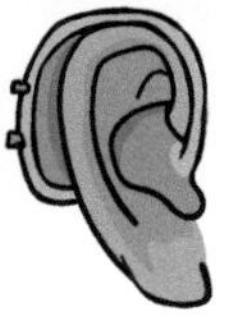

alat pendengar

işitme cihazı

desinfektan

dezenfektan

infeksi

enfeksiyon

virus

virüs

HIV / AIDS

HIV / AIDS

obat

ilaç

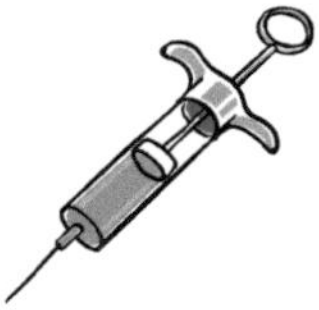

vaksinasi

aşı

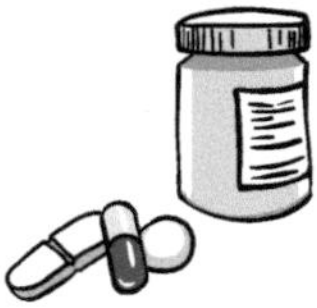

tablet

tablet

pil

hap

panggilan darurat

acil çağrı

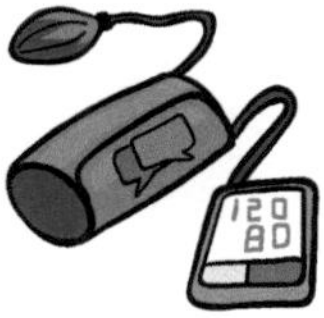
120
80

ukur tekanan darah

tansiyon aleti

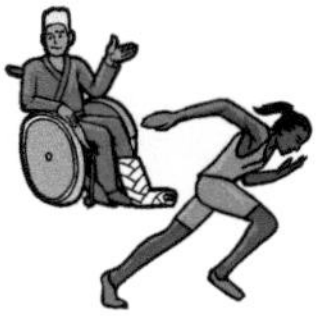

sakit / sehat

hasta / sağlıklı

darurat
acil

Tolong!

İmdat!

alarm

alarm

penyerbuan

darp

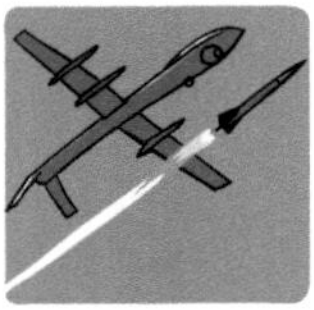

serangan

saldırı

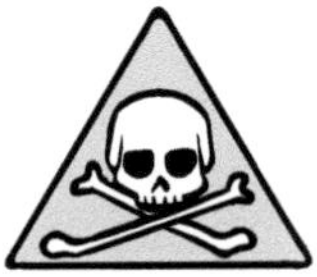

bahaya

tehlike

pintu darurat

acil çıkış

Api!

Yangın!

alat pemadam kebakaran

yangın tüpü

kecelakaan

kaza

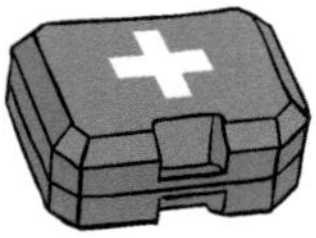

kit pertolongan pertama

ilk yardım çantası

SOS

SOS

imdat

polisi

polis

bumi
dünya

Eropa

Avrupa

Amerika Utara

Kuzey Amerika

Amerika Selatan

Güney amerika

Afrika

Afrika

Asia

Asya

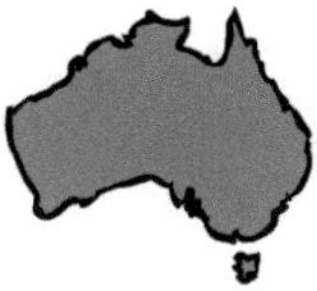

Australi

Avustralya

Atlantik

Atlantik

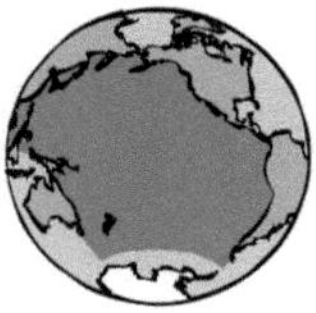

Pasifik

Pasifik

Samudra India

Hint Okyanusu

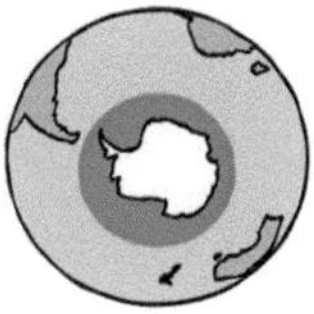

Samudra Antartika

Antarktika Okyanusu

Samudra Arktik

Arktik Okyanusu

kutub utara

Kuzey Kutbu

kutub selatan

Güney Kutbu

Antarktika

Antarktika

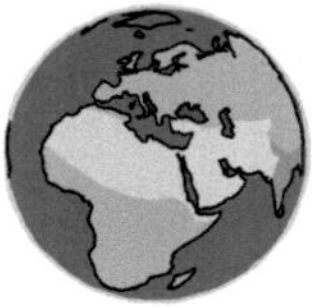

bumi

dünya

tanah

kara

laut

deniz

pulau

ada

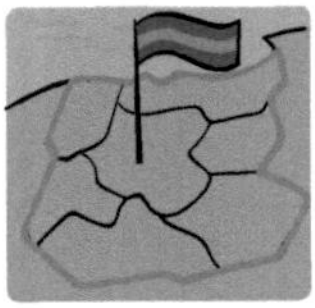

bangsa

ulus

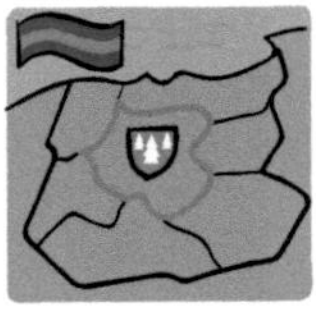

negara

ülke

jam
saat

jam wajah

kadran

jarum pendek

akrep

jarum menit

yelkovan

jarum detik

saniye ibresi

Jam berapa?

Saat kaç?

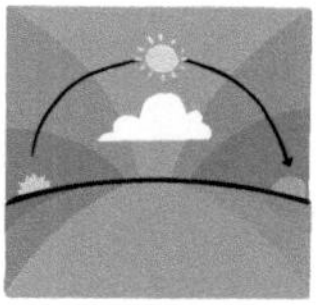

hari

gün

waktu

zaman

sekarang

şimdi

jam digital

dijital saat

menit

dakika

jam

saat

minggu
hafta

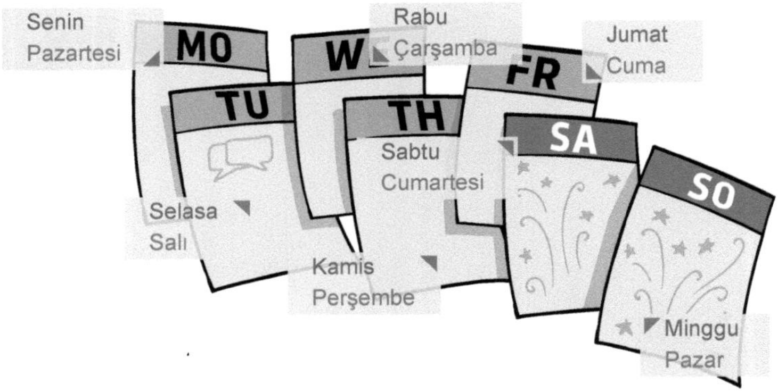
Senin
Pazartesi
Rabu
Çarşamba
Jumat
Cuma
MO
TU
W
TH
FR
SA
SO
Sabtu
Cumartesi
Selasa
Salı
Kamis
Perşembe
Minggu
Pazar

TUE
MON
21

kemaren
....
dün

TUE
2

hari ini
....
bugün

TUE
3

besok
....
yarın

pagi
....
sabah

siang
....
öğle

malam
....
akşam

MO TU WE TH FR SA SU

hari kerja
....
iş günleri

MO TU WE TH FR SA SU

akhir minggu
....
hafta sonu

tahun
yıl

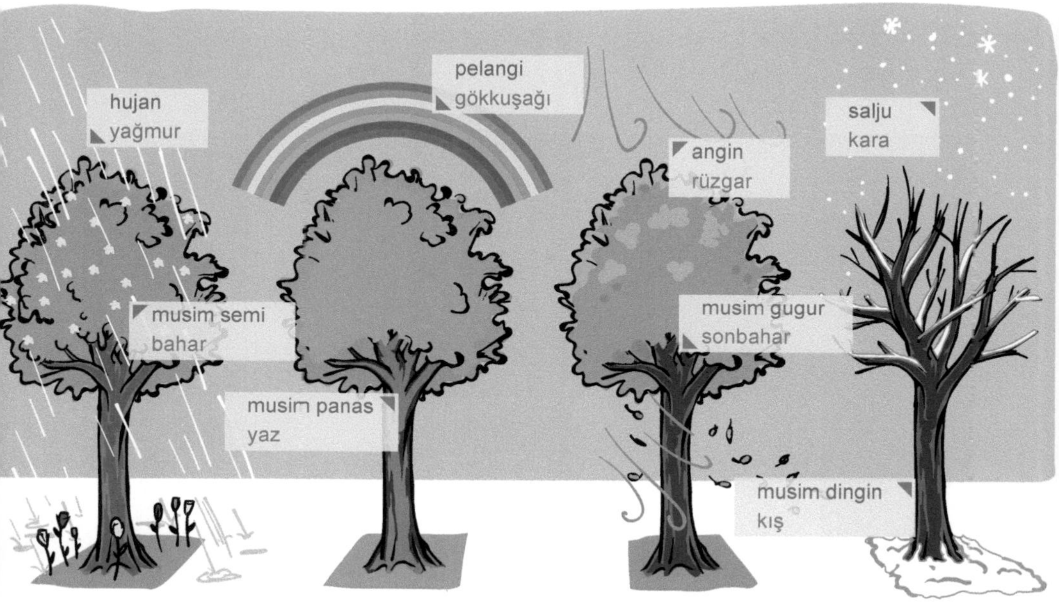

hujan
yağmur
pelangi
gökkuşağı
angin
rüzgar
salju
kara
musim semi
bahar
musim gugur
sonbahar
musim panas
yaz
musim dingin
kış

4.APRIL 11°
5.APRIL 4°
6.APRIL 13°
7.APRIL 8°
8.APRIL 10°

ramalan cuaca

hava durumu tahmini

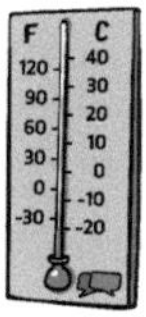

F
C
120
90
60
30
0
-30
40
30
20
10
0
-10
-20

termometer

termometre

matahari

güneş ışığı

awan

bulut

kabut

sis

kelembahan

nem

kilat

şimşek

guntur

gök gürültüsü

badai

fırtına

hujan es

dolu

monsun

muson

banjir

sel

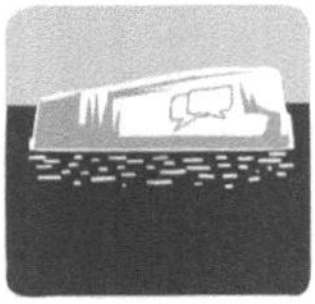

es

buz

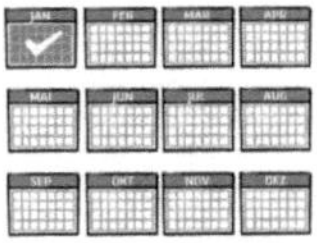

Januari

Ocak

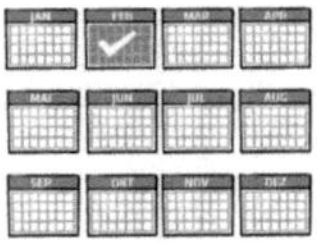

Februari

Şubat

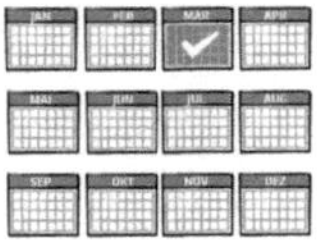

Maret

Mart

April

Nisan

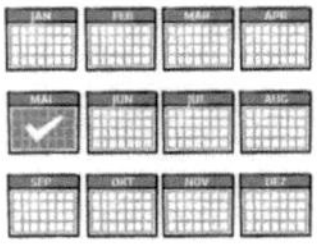

Mei

Mayıs

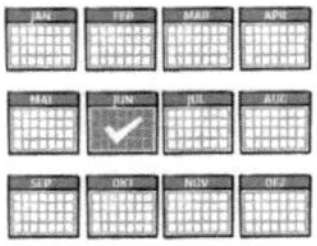

Juni

Haziran

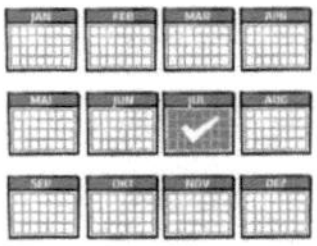

Juli

Temmuz

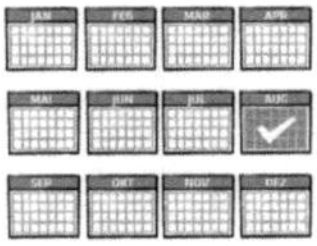

Agustus

Ağustos

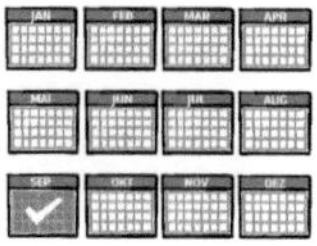

September
Eylül

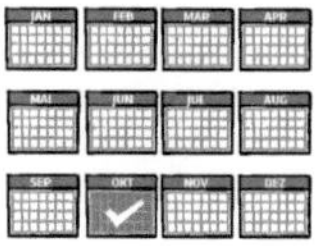

Oktober
Ekim

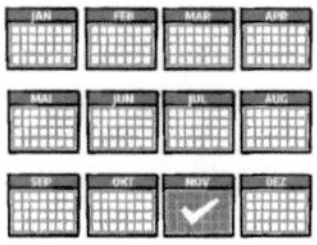

November
Kasım

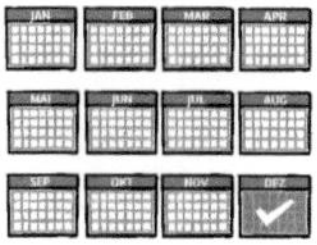

Desember
Aralık

bentuk
şekiller

lingkaran
daire

persegi
kare

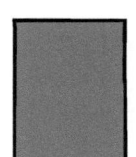

persegi panjang
dikdörtgen

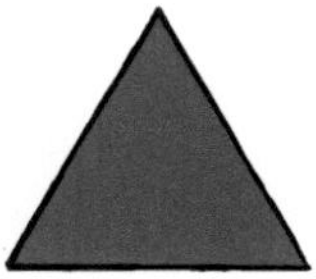

segi tiga
üçgen

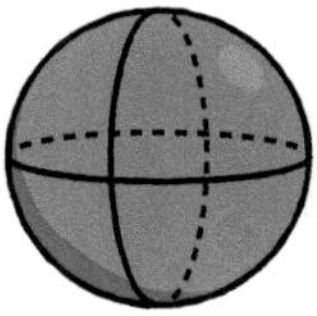

bola
küre

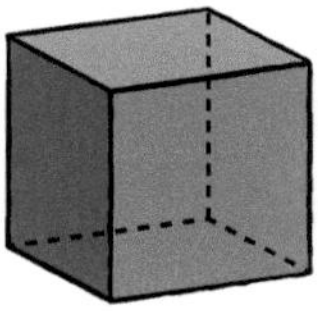

kubus
küp

warna-warna
renkler

putih

beyaz

kuning

sarı

oranye

turuncu

pink

pembe

merah

kırmızı

ungu

mor

biru

mavi

hijau

yeşil

coklat

kahverengi

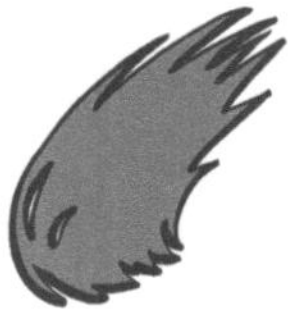

abu-abu

gri

hitam

siyah

berlawanan
zıt anlamlılar

banyak / sedikit

çok / az

marah / tenang

kızgın / sakin

cantik / jelek

güzel / çirkin

mulaih / selesai

başlangıç / son

besar / kecil

büyük / küçük

terang / gelap

parlak / karanlık

saudara laki-laki / saudara perempuan

erkek kardeş / kız kardeş

bersih / kotor

temiz / kirli

lengkap / tidak lengkap

tamam / eksik

hari / malam

gün / gece

mati / hidup

ölü / canlı

luas / sempit

geniş / dar

dapat dimakan / tidak dapat dimakan

yenilebilir / yenilemez

jahat / baik

kötü / iyi

bersemangat / bosan

heyecanlı / sıkılmış

gemuk / kurus

şişman / zayıf

MO
TU
WE
TH
FR
SA
SO

pertama / terakhir

ilk / son

teman / musuh

dost / düşman

penuh / kosong

dolu / boş

keras / lembut

sert / yumuşak

berat / enteng

ağır / hafif

lapar / haus

açlık / susuzluk

sakit / sehat

hasta / sağlıklı

ilegal / legal

yasa dışı / yasal

cerdas / bodoh

zeki / aptal

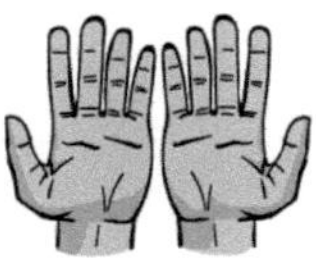

kiri / kanan

sol / sağ

dekat / jauh

yakın / uzak

baru / bekas

yeni / kullanılmış

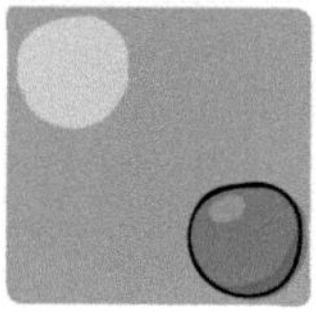

tidak ada apapun / sesuatu

hiçbir şey / bir şey

tua / muda

yaşlı / genç

nyala / mati

açma / kapama

buka / tutup

açık / kapalı

tenang / keras

sessiz / gürültülü

kaya / miskin

zengin / fakir

benar / salah

doğru / yanlış

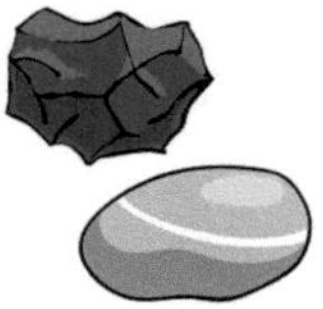

kasar / halus

pürüzlü / düz

sedih / gembira

üzgün / mutlu

pendek / panjang

kısa / uzun

pelan-pelan / cepat

yavaş / hızlı

basah / kering

ıslak / kuru

hangat / sejuk

sıcak / serin

perang / damai

savaş / barış

angka-angka
sayılar

0

nol

sıfır

1

satu

bir

2

dua

iki

3

tiga

üç

4

empat

dört

5

lima

beş

6

enam

altı

7

tujuh

yedi

8

delapan

sekiz

9

sembilan

dokuz

10

sepuluh

on

11

sebelas

on bir

12	**13**	**14**
duabelas	tigabelas	empatbelas
on iki	on üç	on dört
15	**16**	**17**
limabelas	enambelas	tujuhbelas
on beş	on altı	on yedi
18	**19**	**20**
delapanbelas	sembilanbelas	duapuluh
on sekiz	on dokuz	yirmi
100	**1.000**	**1.000.000**
seratus	seribu	juta
yüz	bin	milyon

bahasa-bahasa
diller

Inggris
İngilizce

bahasa Inggris Amerika
Amerikan İngilizcesi

bahasa Cina Mandarin
Çince (Mandarin)

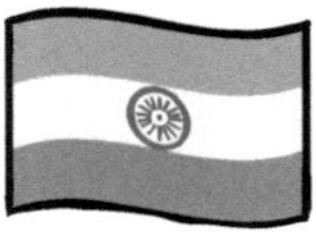

bahasa Hindi
Hintçe

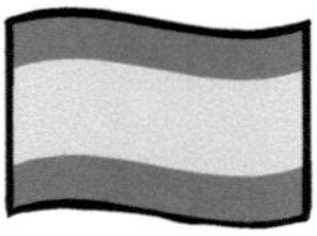

bahasa Spanyol
İspanyolca

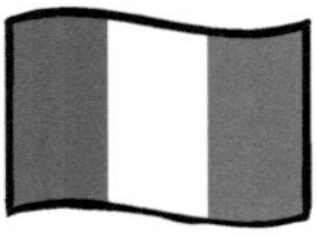

bahasa Perancis
Fransızca

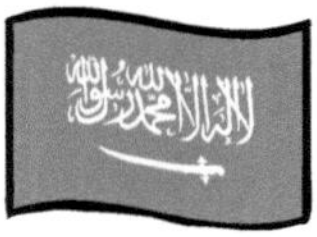

bahasa Arab
Arapça

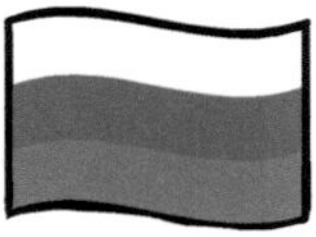

bahasa Rusia
Rusça

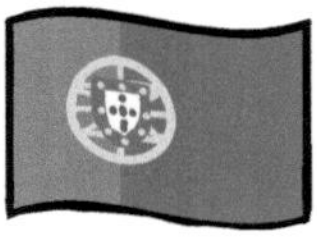

bahasa Portugis
Portekizce

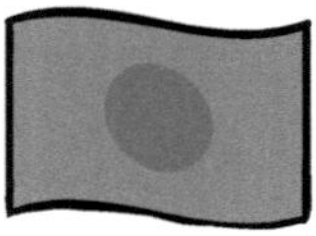

bahasa Bengal
Bengalce

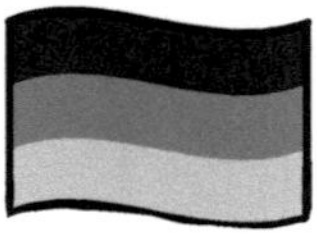

bahasa Jerman
Almanca

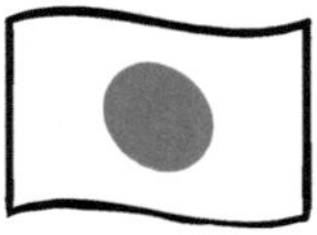

bahasa Jepang
Japonca

siapa / apa / begaimana

kim / ne / nasıl

saya

ben

kamu

sen

dia

o

kita

biz

kalian

siz

mereka

onlar

siapa?

kim?

apa?

ne?

begaimana?

nasıl?

dimana?

nerede?

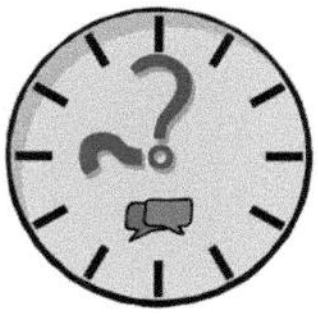

kapan?

ne zaman?

HELLO, I AM

nama

isim

dimana

nerede

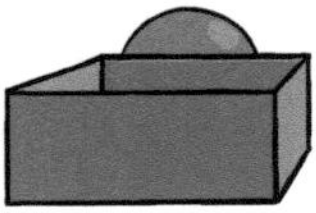

dibelakang

arkasında

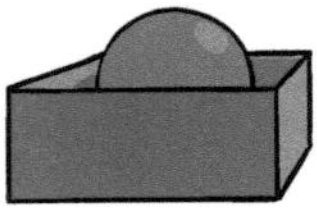

di

içinde

didepan

önünde

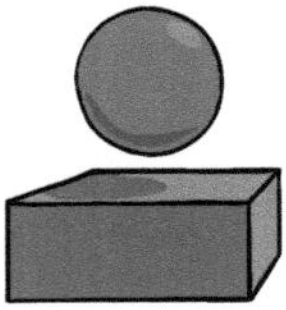

diatas

üzerinde

diatas

üstünde

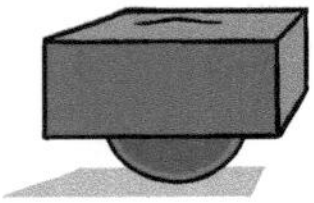

dibawah

altında

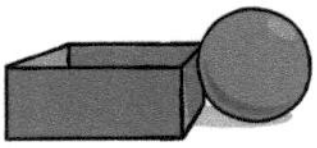

sebelah

yanında

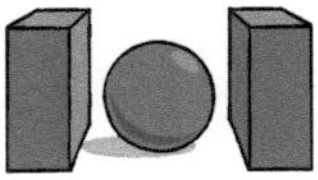

di antara

arasında

tempat

yer